Peter Hofmann

BENEDIKT XVI.

Peter Hofmann

BENEDIKT XVI.

Einführung in sein theologisches Denken

Ferdinand Schöningh
Paderborn · München · Wien · Zürich

Umschlagabbildung:
© gettyimages / vincenzo pinto

Mit kirchlicher Druckerlaubnis, Hildesheim, 21. Januar 2009,
Dr. Werner Schreer, Generalvikar

Bibliografische Information der Deutschen Nationalbibliothek

Die Deutsche Nationalbibliothek verzeichnet diese Publikation in der Deutschen Nationalbibliografie; detaillierte bibliografische Daten sind im Internet über http://dnb.d-nb.de abrufbar.

Umschlaggestaltung: Anna Braungart, Tübingen

Gedruckt auf umweltfreundlichem, chlorfrei gebleichtem
und alterungsbeständigem Papier ∞ ISO 9706

(Verlag Ferdinand Schöningh GmbH & Co. KG, Jühenplatz 1, D-33098 Paderborn)

Internet: www.schoeningh.de

Printed in Germany. Herstellung: Ferdinand Schöningh, Paderborn

ISBN 978-3-506-76735-6

Inhalt

...non inveniendo invenire potius quam inveniendo non invenire te.
...lieber im Nichtfinden Dich finden als im Finden Dich nicht finden.
AUGUSTINUS, CONFESSIONES/BEKENNTNISSE I,6

Vorwort

Kaum etwas ist über Joseph Ratzinger bzw. Benedikt XVI. noch nicht gesagt worden, jedes weitere Buch scheint die schon ausgetretenen Wege noch breiter zu treten.

Aber dennoch irritiert das *Phänomen, dass eine so klare Theologie so divergierende Lektüren findet.* Ist vielleicht gerade die scheinbare Leichtigkeit dieses Denkens, das sich durch keinen akademischen Jargon und keinen schulmäßigen Ansatz verschließt, der Grund dafür, dass es den einen zu selbstverständlich und den anderen zu fragwürdig vorkommt? Ratzinger ist in einem gelungenen Bonmot als „Mozart der Theologie" bezeichnet worden. Zudem rührte sein Denken in nunmehr fast sechzig Jahren an fast jede theologische Fachdiskussion, ob es nun um Fragen des Ansatzes oder der verhandelten Sachen und adressierten Gesprächspartner geht. Hat dieses Denken einen Ansatz und eine Methode? Wie auch immer: Ratzinger ist schwierig einzuordnen. Die Schönheit der Darstellung überspielt manche Komplexität seiner Texte.

Ein weiteres Problem wirft die Rolle auf, in der er jeweils spricht: als akademischer Theologe, als Bischof oder Kardinal, als Präfekt der Glaubenskongregation und nun auch als Papst. Welche Texte soll eine Auseinandersetzung mit ihm berücksichtigen? Wie auch immer: Gerade bei Ratzinger/Benedikt XVI. sind Biographie und Theologie nicht voneinander zu trennen. Es ist nicht unwichtig zu sehen, was er wem und in welcher Situation sagt. Dieses Buch erhebt weder den Anspruch, seine Biographie zu schreiben, noch seine Theologie vollständig zu erfassen. Aber als Einführung will es beides im Blick behalten. So werden vielleicht die Grundlinien einer Theologie deutlicher, die sonst in viele Texte zu zerfallen scheint.

Darum sollte auch der Originalton in markanten Zitaten zu Wort kommen. Die kaum übersehbare Sekundärliteratur ist vorausgesetzt, tritt aber in der Darstellung möglichst zurück. Ich folge stattdessen den leitenden Begriffen Ratzingers und beobachte, wie sie sich in ihren in unterschiedlichen biographischen und theologischen Kontexten entfalten. Dabei ziehe ich seine Schriften, soweit publiziert, in ihrer ganzen Breite heran.

Ein Hinweis auf zwei elementare Ratzinger-Lesebücher sei abschließend erlaubt: der von seinem Schülerkreis herausgegebene Band „Vom Wiederauffinden der Mitte“ (Freiburg 1997/1998) sowie „Die anstößige Wahrheit des Glaubens“ (herausgegeben von Helmut Hoping und Jan-Heiner Tück, Freiburg 2005). Sie mögen allen helfen, sich einzulesen und weiter zu lesen.

Dem Lektor des Schöningh-Verlags, Herrn Dr. Hans J. Jacobs, danke ich Anregung und Betreuung des Buches, meinem Mitarbeiter und Freund Andreas Matena für Diskussion und Rat, meiner Schwester Margret Hofmann-Jürgens für geduldige Korrekturen.

Gewidmet sei es Patrick Wegner in langjähriger Freundschaft.

Koblenz, 11. Januar 2009, am Fest der Taufe des Herrn

Peter Hofmann

1
Zwischen den beiden vatikanischen Konzilien (1870-1965): *Einige Vorbemerkungen zum Kontext von Joseph Ratzingers Theologie*

Die Theologie zwischen den beiden vatikanischen Konzilien, ein Zeitraum von fast einhundert Jahren, wird nicht selten wie eine *terra incognita* behandelt. Auf alten Karten erschien in solchen Fällen nicht nur der sprichwörtliche weiße Fleck. Der Zeichner bevölkerte solche Gebiete auch mit seltenen und legendären Ungeheuern. Ähnliches ist auch der Fall, wenn von der genannten Zwischenzeit gesprochen wird: Das Bestiarium umfasst vom Papalismus bis zum Konziliarismus oder Episkopalismus die Ungeheuer Antimodernismus und Neuthomismus oder Neuscholastik, aber auch die gutmütigen Unbekannten *Liturgische Bewegung* und *Nouvelle Théologie*. Die Lichtgestalten, die vor dem II. Vatikanum auftauchten, tragen im deutschen Bereich dann endlich Namen: Odo Casel, Romano Guardini, Hans Urs von Balthasar, Karl Rahner, Joseph Ratzinger, Hans Küng und viele, die noch zu nennen wären. Aber wie tauchten sie aus dem Nebel der Zwischenkonzilszeit auf? Und war der Nebel wirklich da – und nicht eine Rückprojektion vieler, die zwar noch nicht im hellen Tageslicht der Kirche, aber doch wenigstens im konziliaren Morgengrauen zu stehen glaubten?

Die Theologiegeschichtler und Kirchenhistoriker wissen dies alles genauer. Systematische Theologen neigen vielleicht eher dazu, das entscheidende neue Stadium der Entwicklung an der Schule festzumachen, aus der sie hervorgegangen sind, oder an dem Doktorvater, bei dem sie promoviert wurden. Die folgenden Vorbemerkungen können nur einige Probleme benennen, die in den nächsten Kapiteln deutlicher werden, und auf den größeren Kontext verweisen, ohne den die Texte Joseph Ratzingers und Benedikts XVI. nicht immer leicht zu verstehen sind.

Erstes und Zweites Vatikanisches Konzil

Das I. Vatikanische Konzil, von Pius IX. zum 8. Dezember 1869 einberufen, war von Beginn an ein Politikum und fand auch ein politisches Ende, als es nach dem Ausbruch des deutsch-französischen Krieges und der Annektion des Kirchenstaates „sine die" (ohne Termin) vertagt wurde. Die dogmatische Konstitution *Dei Filius* über den katholischen

Glauben blieb Fragment und kam über die Bestimmung, wie sich angesichts der Offenbarung Glaube und Vernunft zueinander verhalten, nicht hinaus. Die dogmatische Konstitution *Pastor aeternus* über die Kirche brach ab mit einer neuen Definition der päpstlichen Vollmacht, indem es die „Infallibilität" (Unfehlbarkeit) des Papstes auch ohne ausdrückliche Bestätigung durch die Bischöfe bzw. durch den Konsens der Kirche („ex sese") festschrieb. Die erste Konstitution ist durch zahlreiche detaillierte Kanones, die zweite nur durch einen einzigen so bewehrt, wie es das strittige Thema des päpstlichen Primates mit sich brachte. Die eher negative Lesart der Konzilstexte wertet das Ergebnis und vor allem seine Folgen in der Kirche und der jeweiligen gesellschaftlichen Öffentlichkeit so: Das Konzil habe in allen aufgeworfenen Fragen der Moderne eine Absage erteilt. Der spätere Antimodernismus, vor allem der Reformen durch Pius X., gründe darin, dass das Konzil selbst eine Bastion errichtet habe. Diese Lesart legt nahe, das II. Vatikanum sei insofern die nötige und späte Fortsetzung gewesen, als es eben diese Bastionen geschliffen, den Primat in konziliaren Formen gebändigt und die Kirche für die Welt geöffnet habe.

Eine eher positive Lesart betont weniger den Bruch als vielmehr die Kontinuität beider Konzilien. Die Konstitutionen seien ihrer Intention nach und nicht von ihrer faktisch unvollständigen Gestalt her zu lesen. Erst recht habe eine problematische Rezeption die kunstvolle dialektische Spannung der Texte zerstört und nach einer Seite hin aufgelöst. So sei aus der vorsichtig optimistischen Bestimmung, Glaube und Vernunft seien der einen Wahrheit verpflichtet und könnten daher nicht in Widerspruch zueinander geraten, eine allzu vernünftige Schultheologie entstanden. Aus der „Übernatürlichkeit" der Offenbarung habe sich ein Stockwerkdenken entwickeln können, das Übernatürliches und Natürliches, Offenbarung und Erkenntnis, in sauberer Trennung, aber ohne innere Verbindung übereinander stapelte. Die Gefahr, das Übernatürliche der Offenbarung ins Überflüssige des Glaubens zu verbannen, der dem Menschen keine Antwort mehr auf seine natürlichen Fragen gibt, lag nahe. Der päpstliche Primat, der auch ohne den faktischen Konsens der Kirche oder der Bischöfe seine Vollmacht unfehlbar ausüben kann, schien nun zwar stark hervorgehoben, aber auch irgendwie aus der Kirche nahezu herausgelöst. Die strukturellen Folgen für die kirchliche Jurisdiktion, ebenso die politischen Folgen für den so genannten „Kulturkampf" zwischen Staat und Kirche waren unübersehbar.

Das I. Vatikanum blieb also ein Torso, allerdings ein Torso des Herkules, dem noch Kopf und Extremitäten fehlten. Insofern stand das Nachfolgekonzil, das Johannes XXIII. am 25. Dezember 1961 zwar überraschend, aber doch nicht unerwartet ankündigte, unter großem

Druck: Es musste noch einmal neu bei denselben Fragen ansetzen, auf die seinerzeit nur eine vorläufige und nicht vollständige Antwort gegeben worden war. Bereits die beiden Vorgänger des neuen Konzilspapstes, Pius XI. und Pius XII., hatten eine mögliche Fortsetzung des Konzils erwogen. Aber wie sollte der Torso ergänzt oder besser von der ursprünglichen Intention her vollendet werden? Johannes XXIII. sprach nicht von „restauratio", sondern „instauratio", also nicht von Wiederherstellung, sondern Erneuerung, verbunden mit dem, was er „aggiornamento" nannte. Diese „Verheutigung" meinte hier keine verspätete Anpassung an die Moderne, sondern das Projekt, dieselbe Botschaft der Kirche unter den veränderten Bedingungen zu formulieren. Aber eines wussten alle: Der „vorkonziliare" Problemstau, ob in der kirchlichen Praxis oder in der wissenschaftlichen Theologie, musste zu Umbrüchen führen, die manche fürchteten und viele ersehnten.

Antimodernismus und Neuthomismus, Liturgische Bewegung und Nouvelle Théologie

Dem I. Vatikanum war genau fünf Jahre zuvor der „Syllabus errorum" vorausgegangen: eine Abwehr der Moderne in achtzig Thesen von unmittelbar administrativer Bedeutung, verbunden mit der Enzyklika *Quanta cura* und ihrer Ablehnung der Religionsfreiheit sowie einer Trennung von Kirche und Staat. Der Antimodernisteneid wurde 1910 eingeführt und erst von Paul VI. 1967 abgeschafft; er schien bei allen kirchlichen Amts- und Leitungsträgern sowie in der Kurie des Papstes und der Bischöfe den so genannten Modernismus, verstanden als modischer Konformismus, Liberalismus und Atheismus, zu bannen. Da die Alternative in der Exkommunikation der betroffenen Personen bestand, konnte diese eigenartige Maßnahme zwar die Kirche weitgehend uniformieren, aber nicht in der Sache einigen. Der Versuch, Identität negativ durch Verweigerung (auch des Gesprächs) zu wahren, musste zu Identitätsverlusten führen, sobald der Zwang zur Uniformisierung fiel. Dann trat, spätestens in der „nachkonziliaren" Phase, offen zu Tage, was bisher verborgen oder geduldet, akzeptiert oder diszipliniert worden war.

Was für die kirchliche Disziplin galt, bestimmte auch die Theologie – zunächst einmal deswegen, weil die Theologen über den Antimodernisteneid hinaus sowohl in der Lehre als auch in der Forschung durch Verbote diszipliniert wurden. Aber auch der Inhalt des Lehrbetriebs war einer Norm unterworfen. Die verschiedenen Thomismen als Versuche, die Theologie des heiligen Thomas zu systematisieren, wurden in gewisser Weise schulmäßig vereinheitlicht. Der Neuthomismus als

Neuscholastik mündete, wenigstens für das Studium der Theologie, in eine uniformierte Handbuch- und Kompendientheologie. Sie war lernbar und universal anwendbar, eine Art geschlossenes System, das jeder Anfrage von außen standhielt, aber nicht jede Anfrage von innen zuließ. Andererseits täuscht der Eindruck von Geschlossenheit, wenn die verschiedenen theologischen Schulen und vor allem die verschiedenen Methoden näher in den Blick kommen. Das erste Lexikon für Theologie und Kirche 1930-1938 verstand sich als eine Art Summentheologie, die vom Kollektiv der Mitarbeiter getragen wurde. Hinter der ordentlichen Fassade des Neuthomismus entwickelten sich eben so viele außerordentliche Ansätze, wie denkende Theologen da waren. Beide kamen erst nach der Erosion des Systems deutlicher in Sicht.

Die *Liturgische Bewegung*, getragen von Benediktinern wie Odo Casel und Ildefons Herweghen, von Jugendverbänden und Seelsorgern wie Pius Parsch, von Romano Guardini und der Innsbrucker Verkündigungstheologie der Jesuiten mit Josef Andreas Jungmann und Karl Rahner, führte viele Gemeinden zur „tätigen Teilnahme“ an der Liturgie. Auch die liturgischen Reformen Pius' X., vor allem der Feier der Osternacht, griffen vorsichtig manche Anregung auf. Inoffziell und doch mit einer gewissen lehramtlichen Akzeptanz wurde vieles schon anders beurteilt und praktiziert, als die offiziellen Regelungen ahnen ließen.

Die *Nouvelle Théologie*, in Paris verbunden mit den Namen Henri de Lubac, Jean Daniélou und Yves Congar, warf die Frage nach der Heilsgeschichte und vor allem nach dem Verhältnis von Gnade und Natur erneut auf. Mehr noch: Im Gespräch mit den russischen Exiltheologen kamen verstärkt Gedanken der orthodoxen Theologie zu Wort. Damit verband sich die Einsicht, die Theologie müsse hinter die lateinische Scholastik zurückgehen bis zu den Kirchenvätern, aber auch über die Neuscholastik hinausgehen zu den modernen Fragestellungen, denen sich die Kirche lange verweigert hatte.

Dieser Versuch, den weißen Fleck auf der theologischen Karte ein wenig auszumalen und den vermeintlichen Ungeheuern menschliche Züge zu geben, musste hier sehr grob ausfallen. Aber zumindest zeigt er, dass die kirchlich-theologische Landschaft zwischen den vatikanischen Konzilien nicht einheitlich ist, ja dass verschiedene Entwicklungen gleichzeitig und mit unterschiedlichen Geschwindigkeiten ablaufen. Wohin der Prozess führen sollte, dürfte für seine Protagonisten damals kaum klar gewesen sein. Zu ihnen sollte seit dem Vorabend des II. Vatikanum auch Joseph Ratzinger gehören.

2
Zurück zu den Vätern (1927-1959):
Als Priester und Professor zwischen Augustinus und Bonaventura

Goethes Faust taucht in die gestaltlose Tiefe der Ideen ein und steigt „zu den Müttern", den „Matrizen" des Denkbaren hinab (Faust II, 1. Akt). Ratzinger hingegen orientierte sich schon früh an den Vätern. Gemeint sind sowohl die geistlichen als auch die theologischen Väter während des Studiums. Zunächst die Eltern: Ihre ebenso bewusste wie schlichte Frömmigkeit prägte den Heranwachsenden und ließ ihn hineinwachsen in eine selbstverständliche bayerische Katholizität. Die priesterlichen Lehrer vermittelten ihm in Seelsorge und Liturgie die Position des Glaubens, der zur Theologie führt. Aber auch die Kirchenväter, unter ihnen insbesondere Augustinus, und ein den Kirchenvätern naher Theologe wie Bonaventura gehören zu diesen Vätern. Es geht um eine ganz ursprünglich betriebene Theologie, die durchaus akademische Formen annehmen kann, aber dies nicht muss. Ihre Träger sind Priester und haben ihre Aufgabe im Dienst der Kirche. Diese Praxis ist der Ort ihrer theologischen Theorie. Eine solche Prägung und auch ihre Ambivalenz darf nicht unterschätzt werden. Die Ambivalenz könnte, vorläufig gesagt, darin bestehen, dass sich eine solche Theologie niemals neutral und indifferent zu dem Praxisort verhält, von dem aus sie arbeitet. Gleichzeitig erhebt sie den wissenschaftlichen Anspruch, rational zu argumentieren. Glaube und Erfahrung, Theorie und Praxis, Kirche und Wissenschaft werden also nicht getrennt, wohl aber deutlich unterschieden und in ihrem Spannungsverhältnis zueinander bestimmt. Der Theoretiker ist kein Beobachter, der außerhalb des Zusammenhangs steht, den er beobachtet – eine ebenso elementare wie selbstverständliche Einsicht der neueren Physik, der Verhaltensforschung, der Soziologie und der Kulturwissenschaft, die hier oft von „teilnehmender Beobachtung" sprechen. Allerdings muss sich dabei der Beobachter auch selbst im Blick behalten oder beobachten lassen. Eine „objektive" Sicht, deren Position ganz außerhalb des Gesehenen bliebe, erscheint demnach als eine Fiktion oder inzwischen als das wenig reflektierte Ideal einer Wissenschaft, wie sie vor allem im 19. Jahrhundert betrieben wurde. Die Ambivalenz des kirchlich verorteten Theologen und insbesondere des Priesters ist also kein Nachteil oder Hindernis der Wissenschaft, sondern eine besondere Perspektive mit besonderer Sicht, so lange sich der Theologe dieses Ortes auch ausdrücklich bewusst ist. Dies gilt, wie sich zeigen wird, auch bei Joseph Ratzinger.

Eine wichtige Quelle ist darum seine bereits 1997 erschienene Autobiographie mit dem schlichten Titel „Aus meinem Leben“ (*La mia vita*, deutsch 1998). Sie porträtiert mit sparsamen, aber sehr bewussten Strichen die prägenden Orte und Personen. Über ihren Wert als biographische Quelle hinaus erzählt sie eine Art theologischen Roman: Entwicklungen werden motiviert, Motive variiert und in einem Netz von Bezügen und Anspielungen verknüpft. Spätere Orientierungen werden früh verortet, Kontinuitäten erweisen sich spielerisch leicht. Eine solche Autobiographie stellt immer vor allem eine retrospektive Deutung vor und damit einen Zusammenhang her, der sich von außen nicht zwingend erschließt, aber von der Position des Schreibenden her eine umfassende Perspektive eröffnet. Besonders für die frühen Jahre Ratzingers soll diese Position versuchsweise eingenommen und ihre Perspektive beschrieben werden. Die Autobiographie ist eine theologische Quelle.

Auf dem Weg zum Priestertum

Es gibt also keine theologische Perspektive, die sich ganz von bestimmten biographischen Positionen trennen ließe. „Daß der Geburtstag der letzte Tag der Karwoche und der Vorabend von Ostern war, wurde in der Familiengeschichte immer vermerkt.“[1] Der Grund ist die Taufe, am selben Tag in der damals vormittäglichen Feier der „Osternacht“ am Karsamstag, am 16. April 1927, vollzogen. Der Bezug auf das „mysterium paschale“, ein Leitbegriff des II. Vatikanum, sowie zur „Theologie des Karsamstags“, deren Entwurf durch Hans Urs von Balthasar ebenfalls prägend wirken sollte, scheint schon im Geburtsdatum mitgegeben. Auch der zweite Wohnort der Familie Ratzinger, das bayerische Tittmoning, erinnert an den Priester Bartholomäus Holzhauser, der „die auf Eusebius von Vercelli und auf den heiligen Augustinus zurückgehende Idee des gemeinschaftlichen Lebens der Weltpriester wieder aufgegriffen und erneuert hat“[2].

Der spätere Kampf der deutschen Bischöfe mit dem Naziregime um den Erhalt der Bekenntnisschule und das Konkordat erscheint Ratzinger in der Rückschau als wenig realistisch, hing doch sein Erfolg davon ab, dass die fraglichen Institutionen in Überzeugung getragen und ohne Ressentiment akzeptiert wurden: „Im einen wie im anderen Fall stieß das Pochen auf die institutionell verbürgte Christlichkeit ins Leere.“[3] Ein prägendes Erlebnis bildete von Anfang an die Liturgie, an

---

1 *Aus meinem Leben 1998*, 8.
2 Ebd. 11.
3 18.

der offenbar die Familie Ratzinger durchaus aktiv teilnahm. Die Hilfe dazu bot der „Schott", das von P. Anselm Schott OSB seit Ende des 19. Jahrhunderts im Kloster Beuron herausgegebene lateinisch-deutsche Messbuch. Ein Kindergebetbuch, ein Schott für Kinder, der Sonntags-Schott und schließlich das vollständige Messbuch führten Joseph Ratzinger in die tägliche Liturgie ein, zumal die Liturgische Bewegung auch hier in Gestalt der „Gemeinschaftsmessen" mit deutsch verlesenen Messetexten und Antwortgebeten bereits die Mitfeier prägte.[4]

> Jede Stufe im Zugehen auf die Liturgie war ein großes Ereignis für mich. Das jeweils neue Buch war eine Kostbarkeit, wie ich sie mir nicht schöner träumen konnte. Es war ein fesselndes Abenteuer, langsam in die geheimnisvolle Welt der Liturgie einzudringen, die sich da am Altar vor uns und für uns abspielte. Immer klarer wurde mir, daß ich da einer Wirklichkeit begegnete, die nicht irgend jemand erdacht hatte, die weder eine Behörde noch ein einzelner geschaffen hatte. Dieses geheimnisvolle Gewebe von Text und Handlungen war in Jahrhunderten aus dem Glauben der Kirche gewachsen. Es trug die Fracht der ganzen Geschichte in sich und war doch zugleich viel mehr als Produkt der menschlichen Geschichte. Jedes Jahrhundert hatte seine Spuren eingetragen: Die Einführungen ließen uns erkennen, was aus der frühen Kirche, was aus dem Mittelalter, was aus der Neuzeit stammte. Nicht alles war logisch, es war manchmal verwinkelt und die Orientierung gewiß nicht immer leicht zu finden. Aber gerade dadurch war dieser Bau wunderbar und war er eine Heimat.[5]

Diese autobiographische Selbstdeutung bündelt Motive, die immer wiederkehren. Sie erzählt eine schrittweise Initiation in das geschichtlich gewachsene Ganze der Liturgie „vor uns und für uns". Eine so erfahrene Liturgie mag zwar nicht restlos logisch, aber doch mehr als ein bürokratisches Gegenwartsprodukt sein und darum Heimat durch die Geschichte hindurch bieten. Das organische Wachstum der objektiven Liturgie – ein ebenso umstrittener wie leitender Gedanke in Ratzingers Liturgietheologie und seinem lehramtlichen Umgang als Papst mit liturgischen Fragen – findet in der gestuften Initiation des Liturgieteilnehmers eine sinnvolle Entsprechung: In ein gewachsenes Objektives muss ein Mensch subjektiv hineinwachsen. Auch die Überlieferung, für den Konzilsperitus (theologischer Berater eines Konzilsbischofs) und Konzilskommentator Ratzinger ein wichtiges Thema der Theologie der Offenbarung, begreift er analog „als den lebendigen Prozeß [...], in dem der Heilige Geist uns einführt in die ganze Wahrheit und uns verstehen lehrt, was wir vorher noch nicht zu fassen vermochten (Joh 16,12f.)"[6]. Der Autobiograph ist sich dieser Selbst-

---

4 Vgl. ebd. 22.
5 23.
6 66.

deutung aus dem Gesamtkontext seines Lebens und seiner Theologie bewusst:

> Natürlich habe ich das als Kind nicht im einzelnen erfaßt, aber mein Weg mit der Liturgie war doch ein kontinuierlicher Prozeß des Hineinwachsens in eine alle Individualitäten und Generationen übersteigende große Realität, die zu immer neuem Staunen und Entdecken Anlaß wurde. Die unerschöpfliche Realität der katholischen Liturgie hat mich durch alle Lebensphasen begleitet; so wird auch immer wieder die Rede davon sein müssen.[7]

Zur Aneignung der liturgischen Texte gehörten auch die Versuche des Traunsteiner Gymnasiasten, sie „besser und lebendiger aus den Urtexten zu übertragen“[8]. Übersetzung des Urtextes ist eine Weise der bewussten Aneignung, aber keine Ersetzung. Wie im alten „Schott“, so blieb auch hier und später, nach der Liturgiereform, der lateinische Urtext neben (oder besser: vor) der Übersetzung bestehen.

Von dem vertrauten liturgischen Rhythmus des Kirchenjahres hob sich nicht nur die quasi-religiöse Selbstinszenierung des Nationalsozialismus insgesamt, sondern vor allem die „Pseudo-Liturgie“ ab. Im SS-Kult von Spaten und Arbeit erreichte sie ab 1943 auch Ratzinger.[9] Der Gymnasiast und Bewohner des Traunsteiner Priesterseminars, seit 1941 zwangsweise Mitglied der Hitlerjugend, wurde 1943 als Flakhelfer eingezogen und zum Reichsarbeitsdienst ins österreichische Burgenland versetzt. Nach kurzer Kriegsgefangenschaft kehrte er im Juni 1945 zurück und trat in das Freisinger Priesterseminar ein, das noch teilweise als Lazarett genutzt wurde. Die schon beim Arbeitsdienst erklärte Absicht, Priester zu werden[10], fällt also in einen Lebensabschnitt, der von der persönlichen Erfahrung des Zweiten Weltkrieges deutlich mitgeprägt wurde. Aber auch die Umbruchserfahrung der älteren Seminaristen prägte, da sie „die zum priesterlichen Dienst nötigen Leiden [...] und [...] jene dunklen Nächte durchschritten hatten, in denen erst das Ja zum Priestertum seine volle Gestalt finden kann“[11]. Dieses Priestertum erschließt sich aus dem Verständnis des täglich gefeierten Messopfers, dessen Hingabe Christi in der Hingabe des feiernden Priesters geradezu eine konsekrierte Gestalt findet.[12]

Ratzinger erinnert an seine Kaplanszeit ab 1951 bei Prälat Max Blumschein (Pfarrei Heilig Blut, München-Bogenhausen); nach dessen

---

[7] 23.
[8] 32.
[9] Vgl. ebd. 37.
[10] Ebd.
[11] Ebd. 46.
[12] Vgl. *Verweyen, Ratzinger-Benedikt 2007*, 19.

Wort müsse ein Priester „glühen". Dieses Vorbild starb auf einem Versehgang – „Ausdruck einer ständig gelebten Dienstbereitschaft"[13]. Das klassische aszetische Ideal des Priesters verstärkte sich offenbar durch die Erfahrung der Kriegszeit. Vor allem aber war Heilig Blut eine Martyrer-Pfarrei: Kaplan Hermann Joseph Wehrle wurde 1942 zwei Jahre nach seiner Priesterweihe, Pater Alfred Delp SJ 1945 durch den Strang in Berlin-Plötzensee hingerichtet.

Die Erfahrung des priesterlichen Dienstes, ob durch Vorbild oder eigenen Dienst, formte nicht nur das soziologisch umschreibbare „Rollenset", sondern bestimmte umfassend die Position, von der sich Ratzingers theologische Perspektive erschließt. Deutlich markiert er dies vor allem für die theologischen Lehrer, die ihn nicht nur fachlich schulten, sondern auf diesen Dienst und seine Perspektive vorbereiteten.

Prägende Theologen und ihre Fragestellungen

Ratzinger setzte sein zweijähriges Studium der Philosophie und der Katholischen Theologie an der Philosophisch-Theologischen Hochschule in Freising fort am Herzoglichen Georgianum der Ludwigs-Maximilians-Universität in München. Zu den Lektüren dieser Zeit gehörten die Philosophen Romano Guardini, dessen Arbeiten sich zwischen „Katholischer Weltanschauung" und einer theologischen Vertiefung der Liturgischen Bewegung ansiedeln, Josef Pieper, dessen Thomas-Deutung den engen Raum des zeittypischen Thomismus verlässt, sowie Theodor Häcker und Peter Wust. Die Moraltheologie Theodor Steinbüchels vermittelte nicht nur die existentialphilosophischen Denkformen von Martin Heidegger und Karl Jaspers. Der dialogische Personalimus bei Ferdinand Ebner und besonders Martin Buber verband „sich mir wie von selbst mit dem Denken Augustins"[14], während „der Philosoph unserer Hochschule, Arnold Wilmsen, uns einen rigiden neuscholastischen Thomismus römischer Prägung vortrug"[15]. Der Dogmatiker Michael Schmaus wiederum, aus Münster nach München zurückgekehrt, „hatte das neuscholastische Schema verabschiedet und eine lebendige Darstellung der katholischen Glaubenslehre aus dem Geist der Liturgischen Bewegung und der neuen Zuwendung zu den Vätern heraus geschrieben". Ihm standen zwei ehemalige Münsteraner Kollegen zur Seite: Neben dem Kirchenrechtler Klaus Mörsdorf, der

[13] *Aus meinem Leben 1998*, 73/74.

[14] 49 (mit Verweis auf die *Confessiones*). Verweyen erwähnt, der Sechzehnjährige habe bereits während des Arbeitsdienstes die lateinische *Civitas Dei* studiert (*Verweyen, Ratzinger-Benedikt 2007*, 20).

[15] Ebd.

inkarnationstheologisch argumentierte, lehrte der Pastoraltheologe und Liturgiker Josef Pascher. Er war als „Direktor des Georgianums [...] für unsere menschliche und priesterliche Formung verantwortlich" und nahm diese Verantwortung „ganz aus dem Geist der Liturgie heraus" wahr. „In seinem Erziehungssystem war alles auf die täglich gefeierte heilige Messe aufgebaut."[16] Seine 1947 veröffentlichte Vorlesung (unter dem Titel „Eucharistia. Gestalt und Vollzug") unterschied sich deutlich vom verkündigungstheologischen Pathos eines Josef Andreas Jungmann SJ, der in seinem Hauptwerk „Missarum Sollemnia" (1948) die Messe ganz im Sinne der Liturgischen Bewegung kommentierte. Pascher betonte fast hegelianisch den „‚objektiven Geist'" der „Nigriken", der verpflichtenden liturgischen Texte. Im Unterschied zum Rotdruck der Rubriken, deren korrekte Ausführung die „Rubrizistik" regelte und die damit zu einer erstarrenden Veräußerlichung der Liturgie beitrug, geht es hier um einen „Anspruch [...] an den ganzen Menschen, an den äußeren wie an den inneren", der zu einem sinnvollen und verinnerlichten Vollzug der Liturgie führen soll[17]. In vielen späteren Äußerungen Ratzingers finden sich dankbare und teilweise wörtliche Zitationen dieses Anliegens. Er teilte auch Paschers differenziertes und kritisches Verhältnis zur Liturgischen Bewegung.

Für den späteren Fundamentaltheologen und Dogmatiker ist die „Exegese [...] immer Zentrum meiner theologischen Arbeit geblieben", wie er in seinem liebevollen Porträt des Neutestamentlers Friedrich Wilhelm Maier, dem „Star der Fakultät"[18], erklärt. Maiers Einsatz für die Zwei-Quellen-Theorie der synoptischen Evangelien hatte ihn in Konflikt mit den antimodernistischen Grundsätzen der römischen Lehraufsicht gebracht und zwang ihn, aus der Lehrtätigkeit auszuscheiden. Ratzinger erwähnt allerdings etwas distanziert „die große der Rhetorik der Jahrhundertwende", die Maiers Lehrvortrag kennzeichnete, aber auch den mangelnden Bezug auf die Schriften Rudolf Bultmanns und Karl Barths. „Die Theorien der liberalen Exegese mußten als Bedrohung des Glaubens selbst erscheinen – ein Problem, das auch heute [1998] noch keineswegs ausgetragen ist."[19] Dieser „durch das Dogma beschränkte Liberalismus"[20] verstand das Dogma jedoch nur negativ als Limitierung, nicht aber als positive Glaubensvorgabe. Weniger spektakulär legte der Alttestamentler Friedrich Stummer „Gesetz, Propheten und Schriften" aus; das kanonisch noch nicht geschlossene Corpus der alttestamentlichen Schriften deutete er in seiner

[16] Ebd. 55; vgl. 63/64.

[17] *Eucharistia. Gestalt und Vollzug*, Münster/München 1947 (^{2}1952), 11.

[18] *Aus meinem Leben 1998*, 55.

[19] Ebd. 56.

[20] 57.

Offenheit auf Jesus Christus hin. Erst nach der abgeschlossenen doppelten Kanonbildung in Judentum und Christentum etablierten sich „zwei Weisen der Aneignung der Schriften Israels [...], die beide letzten Endes von der Stellungnahme zur Gestalt Jesu von Nazareth bestimmt werden; das Alte Testament blieb also offen für zwei unterschiedliche Zugänge oder Lesewege."[21] Ratzingers spätere Lehre von dem Einen Bund, der in Judentum und Christentum verschiedene Wege geht, könnte von diesem Ansatz profitiert haben. Maiers liberalistische Exegese vermochte jedenfalls „die ganze Tiefe der Christusgestalt nicht zu sehen". Aber ihm sei zu danken, „daß bei uns wirklich die Heilige Schrift ‚Seele unseres theologischen Studiums' war, wie das II. Vatikanum es fordert".[22] Auch das Desiderat eines Jesus-Buches scheint hier in das Studium hineinprojiziert: ein Buch, das zwar auch ein Betrachtungsbuch ist, aber nicht noch einen weiteren historisch-kritischen „quest" (Rückfrage) nach dem „Leben Jesu" bietet.

Und die Systematik? Sie begegnet Ratzinger auf eine recht untypische Weise in der Gestalt Gottlieb Clemens Söhngens. Dessen philosophische Dissertation 1915 galt Kants Logik des Urteils. Die sehr viel spätere theologische Dissertation 1930 folgte dem scholastischen Adagium „ens et verum convertuntur". Nach diesem Leitsatz des hl. Thomas gehören das Seiende und die Wahrheit zusammen. Darum erheben die Aussagen über Seiendes einen Anspruch auf Wahrheit. Hier fand ein Philosoph zur Theologie, dessen thematischer Bogen sich über „Die Einheit der Theologie in Anselms Proslogion" (1938) und Newman als augustininscher Religionsphilosoph bis hin zur „Analogia fidei" (1934), „Symbol und Wirklichkeit im Kultmysterium" (1937) und auf „Das sakramentale Wesen des Meßopfers" (1946) spannte. Am Ende dieses Denkweges, der dem geläufigen Klischee von Neuscholastik spottet, standen eine Studie über „Analogie und Metapher" als philosophisch-theologische Sprachlehre (1962), ein rechtstheologischer Ansatz (1962) und ein letztes Wort zur Sakramententheologie („Christi Gegenwart in Glaube und Sakrament" 1967). Wenn Ratzinger in seinen Erinnerungen betont, Söhngen habe die Frage „nach dem eigentlich Christlichen in neuer Schärfe" als Frage nach der Wahrheit gestellt[23], so wäre zu ergänzen: und als Frage nach der Einheit der Theologie. Diese Frage war und ist weder mit einer Art von theologischem Positivismus zu umgehen noch durch einen systematischen Ansatz zu erledigen, der auf die Totalität eine theologischen „Summa" zielt.

---

[21] 59.

[22] 58; vgl. die Konstitution über die Offenbarung *Dei verbum* 24.

[23] 62/63.

Die Qualifikationsschriften über Augustinus und Bonaventura

Während des Studiums lernte Ratzinger durch seinen Studienfreund Alfred Läpple die *Nouvelle Théologie* kennen. Das Lehramt hatte ihre Repräsentanten durchaus im kritischen Blick, während die strengen Thomisten sie befeindeten.[24] Läpple berichtet auch von einer gemeinsamen, durch Steinbüchel angeregten Nietzsche-Lektüre sowie von Ratzingers Übersetzung der „Quaestio disputata de caritate" des Thomas von Aquin.[25] Er las Henri de Lubac in der Übersetzung Hans Urs von Balthasars („Katholizismus", französische Erstausgabe 1938), später auch „Corpus mysticum" (1944) und wohl auch „Surnaturel" (1946) – ein Denken, das ihm

> ein neues Verstehen der Einheit von Kirche und Eucharistie eröffnete. Aus diesen Horizonten heraus konnte ich in das geforderte Gespräch mit Augustinus eintreten, das ich auf vielerlei Weise schon seit langem versucht hatte.[26]

Söhngen selbst forderte dieses Gespräch, als er seinen Studenten nach dem Schlussexamen im Juli 1950 mit der Preisaufgabe der Theologischen Fakultät konfrontierte, die er in diesem Jahr stellte: „Volk und Haus Gottes in Augustins Lehre von der Kirche". Die Preisschrift war anonym mit Kennwort einzureichen; sie galt, wenn ihr der Preis zuerkannt werden sollte, „automatisch auch als Dissertation mit dem Prädikat Summa cum laude" und somit als Teil des Promotionsverfahrens. Der radikale Frager Söhngen schickte seinen Schüler in die vorderste Front der theologischen Diskussion, wie ein angemessener Kirchenbegriff formuliert werden könne. Aber auch die lehramtliche Begriffsbildung war noch nicht abgeschlossen. Pius XII. erweiterte das hierarchologische Verständnis der Kirche als juridische Institution durch die Enzyklika *Mystici corporis Christi* von 1943. Sein mehr sakramentales Bild vom Leib Christi bedeutete hier: Die Kirche sei zu unterscheiden von Christus selbst und seiner „physischen" Leiblichkeit; aber er bleibe als *Haupt* der Kirche ihr Einheitsprinzip. Die differenzierte Begrifflichkeit der Enzyklika will den Begriff des Leibes also nach verschiedenen Seiten präzisieren. Die gefährliche Idee, die Kirche sei in ihren Gliedern mit Christus „in einer physischen Person" eins, war abzuwehren. Christus durfte nicht mit seiner Kirche schlicht identifiziert werden. Andererseits wies Pius XII. auch einen „Quietismus" ab, der

[24] Vgl. die Enzyklika Pius' XII. *Humani Generis* 1950 (bes. DH 3881-3883), die den „dogmatischen Relativismus" dieser Neuansätze und ihre Absage an die etablierte Begrifflichkeit moniert.

[25] *Läpple, Benedikt 2006*, 49-51, 55-58 und 75.

[26] *Aus meinem Leben 1998*, 69.

das geistliche Leben auf das Wirken des Heiligen Geistes allein reduziert.[27]

Der lehramtlich definierte Begriff „Leib Christi" beendete einen theologischen Streit. Mannes Dominikus Koster OP hatte in seinem Buch „Ekklesiologie im Werden" (1940) die Leib-Christi-Metapher in die Gnadenlehre verwiesen; sie ziele nicht auf die gesellschaftlich verfasste Kirche. Dagegen machte er den Begriff des Volkes Gottes stark, der auch in den liturgischen Texten vorrangig die Kirche bezeichnet. Diese These war nun patrologisch zu diskutieren, und zwar exemplarisch für Augustinus. Hier lag ein deutliches Problem des Themas und somit der Dissertation, denn der Kirchenvater spricht vom „Haus Gottes" eher beiläufig; dem paganen Staat aber hält er die Begriffe „Volk Gottes" und „civitas Dei" entgegen. Wichtige Arbeiten von Émile Mersch[28] und Sebastian Tromp[29] lagen bereits vor und reichen bis in die Zeit des II. Vatikanum hinein. Söhngen dachte an mehr. Zunächst wollte er ein verengtes Verständnis der Kirche als „Leib Christi" in den weiteren Horizont der Väter rücken. Der *Catechismus Romanus* nennt die Kirche zwar zunächst Volk Gottes, im direkten Anschluss aber „Haus und Bauwerk" Gottes (I, 10, Abs. 3-4; vgl. 1 Tim 3,15). Es galt also, diesen lehramtlichen Begriff im Kontext des Trienter Katechismus nun patrologisch zu erläutern. Söhngens Themenstellung ist der Brisanz des Problems durchaus angemessen, denn der Bezug auf den Trienter Katechismus sichert sie ab.

Wenn der Dogmatiker bei den Vätern allerdings mehr findet als das, was eine vorgefasste These bestätigt, kann von einem wirklichen theologischen Fortschritt gesprochen werden. Eben dies ist mit Ratzingers Dissertation der Fall. Augustinus meine „mit dem Wort ‚Haus Gottes' eine kultische Sicht von Kirche, in der aber zugleich eine Spiritualisierung des Kultbegriffs liegen kann". Könnte man sich hier „auch Ansätze zu einer Theologie der Liturgie erhoffen", so liege der Akzent doch „ganz klar auf Volk Gottes als neuem hermeneutischem Schlüssel zur Klärung dessen, was Kirche nach den Vätern ist".[30] Der Terminus „Volk Gottes" vom Neuen Testament her gelesen, überträgt aber nun eine Bezeichnung für das Volk Israel auf die Kirche Jesu Christi. Diese „christologisch-pneumatologische Lektüre" des Alten Testaments mit dem „Leseschlüssel" des Neuen kennzeichnet die Väterexegese der Heiligen Schrift insgesamt. Ratzingers Lernerfolg knüpft offenbar auch an die alttestamentlichen Vorlesungen Stummers an. Das dogmatische Er-

---

[27] *Mystici corporis*: DH 3816-3817.

[28] *Le corps mystique du Christ. Etudes de théologie historique* (2 vol.), Louvain 1933.

[29] *Corpus Christi, quod est Ecclesia*. 3 Bde., Rom 1937-1960.

[30] *Volk und Haus Gottes 1954*, Vorwort zur Neuauflage 1992, XIII.

gebnis formuliert Ratzinger so: „Kirche ist Volk Gottes nur im und durch den Leib Christi. Ein Gebrauch des Begriffs Volk Gottes für Kirche ist vom Neuen Testament und den Vätern her ohne die christologische und pneumatologische Transposition nicht möglich [...].“[31] Das Wort „Volk Gottes“ zielt also eher allegorisch auf die Kirche, denn in ihr ist der Leib Christi vor allem als sein eucharistischer Leib wirklich gegeben. Eine quietistische Verinnerlichung verbietet sich daher, ebenso ein rein juridisches, die Kirche und ihr Haupt „physisch“ gleichsetzendes Verständnis. In welcher Weise die Kirche „mystisch“ und sakramental über ihre institutionelle Gestalt hinausreicht, klärten erst die Aussagen des II. Vatikanum; sie finden sich nicht nur in der Kirchenkonstitution *Lumen gentium*, sondern eher noch in der Pastoralkonstitution *Gaudium et spes* sowie dem Missionsdekret *Ad gentes*.[32] Ratzinger präzisierte sein Thema nach dem Konzil schlicht und deutlich als „Das neue Volk Gottes“ (1972). Allerdings verzichtete das II. Vatikanum keineswegs auf das Wort „Leib Christi“, ordnete es aber den Worten „Volk Gottes“ und „Tempel des Heiligen Geistes“ zu.[33] „Volk und Haus Gottes“, wie Ratzinger sie in seiner Dissertation erschließt, scheinen also auch in die Sprache des Konzils eingedrungen zu sein.

Die Preisschrift wurde als Dissertation angenommen. Zunächst folgte aber nicht der Abschluss des Promotionsverfahrens, sondern die Priesterweihe, „die uns Kardinal Faulhaber im Dom zu Freising am Peter- und Paulstag 1951 spendete“. Ratzinger spricht nicht etwa von einem pastoralen Intermezzo seiner akademischen Karriere, sondern bezeichnet das „Adsum“ („Ich bin bereit!“) des Weihetages „als Höhepunkt des Lebens“, die vier darauf folgenden Wochen als „ein einziges Fest“.[34] Das Fest mündete in die „Hektik“ des Bogenhausener Pfarrhofes, die aber „in Wirklichkeit Ausdruck einer beständig gelebten Dienstbereitschaft“ seines Pfarrers Prälat Max Blumschein war. Doch musste er das gewaltige „Paket an Aufgaben“ als Kaplan nur für kurze Zeit tragen: Am 1. Oktober 1952 wurde er zum Dozenten an das Freisinger Priesterseminar berufen. Seine Aufgaben waren, über die Pastoral der Sakramente zu lesen und seine Promotion zu beenden.

> Einerseits war dies die Lösung, die ich mir gewünscht hatte, um wieder zu meiner geliebten theologischen Arbeit zurückkehren zu können. Ande-

---

[31] XIV-XV.

[32] Vgl. ebd. XIX; außerdem Ratzingers *Kommentar zu Gaudium et spes 1968*, 354 (Art. 22).

[33] *Lumen gentium* 17 (DH 4141). Von einer mystischen „Einwohnung“ (inhabitatio) des Heiligen Geistes sprach bereits Leo XIII. (Enzyklika *Divinum illud munus* von 1897, DH 3331); Pius XII. knüpfte ausdrücklich daran an (*Mystici corporis*, DH 3815; vgl. 3807-3808).

[34] *Aus meinem Leben 1998*, 71.

> rerseits habe ich vor allem im ersten Jahr sehr unter dem Verlust der von der Seelsorge geschenkten Fülle menschlicher Beziehungen und Erfahrungen gelitten, so daß ich zu zweifeln begann, ob ich nicht doch besser hätte in der Pfarrseelsorge bleiben sollen. Das Gefühl, gebraucht zu werden und einen wichtigen Dienst zu tun, hatte mir geholfen, das Äußerste zu geben, und mir die Freude am Priestertum geschenkt, die in der neuen Aufgabe so unmittelbar nicht zu erleben war.[35]

Ein solcher Wechsel der Position wiederholte sich noch dreimal: bei der Weihe zum Bischof von Freising und München, beim Amtsantritt als Präfekt der Glaubenskongregation und zuletzt bei seiner Einführung in das Amt des Papstes. Jedes Mal kehrte Ratzinger doch wieder zur theologischen Arbeit zurück. Von 1952 bis 1977 allerdings konzentriert er sich auf die akademische Arbeit, die er zunächst für ein Jahr in Freising als Dozent und ab 1953 als Professor für Dogmatik leistete. Sie galt vor allem seiner zweiten Qualifikationsarbeit, deren Thema ihm wiederum Gottfried Söhngen stellte. Die 1956 an der Theologische Fakultät der Universität München eingereichte Habilitationsschrift wurde allerdings von Michael Schmaus entschieden abgelehnt und erst im Februar 1957 in verkürzter Form angenommen; übrig blieb und publiziert wurde nur der dritte, von Schmaus nicht beanstandete Teil.[36]

„Da ich von Augustinus herkam, lag es nahe, über Bonaventura zu arbeiten, mit dem Söhngen sich ziemlich eingehend beschäftigt hatte."[37] Dem ekklesiologischen Thema der Dissertation folgte mit der Habilitationsschrift nun ein Kernthema der Fundamentaltheologie aus ihrem Traktat „De revelatione" (über die Offenbarung). Wiederum schickte Söhngen seinen Schüler als Avantgarde in ein gefährliches Grenzgebiet. Das Denken Bonaventuras, eher heilsgeschichtlich und vor allem biblisch orientiert, lässt wenig Raum für einen neuscholastischen Begriff der Offenbarung, der darunter ganz intellektualistisch eine Instruktion des menschlichen Verstandes durch die göttliche Wahrheit verstand. „So sollte ich versuchen herauszubringen, ob es in irgendeiner Form bei Bonaventura eine Entsprechung zum Begriff der Heilsgeschichte gebe und ob dieses Motiv – wenn erkennbar – in Zusammenhang mit dem Gedanken der Offenbarung stehe."[38]

Die Franziskanerschule steht für ein theologisches Geschichtskonzept. Bonaventura trat, als General seines Ordens und als Theologe, den millenaristischen Fehlformen des Geschichtsdenkens entgegen.

---

35 Ebd. 75.

36 Die vollständige Habilitationsschrift erscheint als 2. Band der *Gesammelten Schriften* erst 2009.

37 78.

38 Ebd.

Dieses Konzept eines „tausendjährigen Reiches" erwartete keine Erfüllung der Geschichte in dieser Zeit, sondern ihr apokalyptisches Ende. Vom Ordensgründer Franziskus her ging es nun darum, wie der Orden der Minderbrüder und zuletzt auch das „neue Gottesvolk" überhaupt aussehen sollten. Hier drängt sich eine Parallele zwischen Bonaventura und Joseph Ratzinger auf. Der Franziskanergeneral zeigte eine harte Hand gegenüber den Spiritualen und blieb zugleich ein gelassener Theologe der Heiligen Schrift, die er, wie die Väter, in ihrer kanonischen Einheit deutete. Ähnlich ließe sich auch die Spannung zwischen dem „cooperator veritatis" (Mitarbeiter der Wahrheit) deuten, als der sich der Fundamentaltheologe und spätere Bischof Ratzinger immer verstand, und seiner klaren Praxis als Präfekt der Glaubenskongregation. Zwei Hauptlinien scheinen in seiner Habilitationsschrift zu konvergieren: Einerseits will er die Geschichte als Raum und Körper der Offenbarung ernst nehmen, andererseits aber das Dokument dieser Offenbarung, die Heilige Schrift, nicht rational einholen, sondern vielmehr seine Verstehensbedingungen freilegen.

Die Frage nach der Geschichtstheologie zielt auf einen systematischen Ansatz der Offenbarungstheologie. Die Frage nach dem Verstehen der Schrift warf das Problem einer theologischen Hermeneutik auf. Bonaventura schloss sich – und dies wäre das Neue gegenüber der Schrifthermeneutik der Väter und die eigentliche These Ratzingers – in einem wesentlichen Punkt Joachim von Fiore († 1202) an. Die Theorie der *rationes seminales*, der samenhaft angelegten Bedeutungen, deutet den dritten Tag des Schöpfungsgedichtes in Gen 1. Dies bedeutet:

> Objektiv ist die Schrift zwar abgeschlossen, aber ihre Bedeutung ist die Geschichte hindurch in einer ständigen Entfaltung begriffen, die noch nicht abgeschlossen ist. Sie enthält, wie auch die physische Welt, „Samenkörner" – Bedeutungssamen nämlich, die mit der wachsenden Zeit in stetem Wachstum begriffen sind.[39]

Diese offene Hermeneutik schließt eine *concordantia* (Zusammenklang) der beiden Teile der Schrift, von Altem und Neuem Testament also, ein und weist so über die gewohnte Väterexegese hinaus. Altes und Neues Testament stehen einander nicht fertig gegenüber; sie sind nicht nur statisch aufeinander bezogen, sondern dynamisch bewegt, geht doch Neues aus Altem beständig weiter hervor. Von dieser Bonaventura-Exegese ist der Weg nicht weit zu der entscheidenden Aussage der Konzilskonstitution *Dei verbum*, die Schrift (*sacra pagina*) sei die Seele der Theologie (Nr. 10). Auch Nicht-Thomisten können leicht erfassen, was diese Aussage bedeutet: Wenn die *anima* die *forma cor-*

---

[39] *Geschichtstheologie 1959*, 11.

poris ist und so den Leib lenkt, dann baut sich die Theologie durch die Schrift auf und wird durch sie lebendig gehalten. „Schrift“ wird hier verstanden als die Bezeugung des Christus-Ereignisses in der Tradition und Liturgie der Kirche. Denn nicht die Schrift selbst ist die Offenbarung, sondern ihr geistlicher Sinn, von dem sie spricht und den sie zu verstehen gibt. Offenbarung ist keine Instruktion, sondern die „mystische“ *visio intellectualis* des von Gott erleuchteten Geistes (*mens*); „diese Entrückung ist identisch mit dem Vorgang der Inspiration“, die weder von der *visio corporalis* (dem körperlichen Sehen) noch von der *visio spiritualis* (der inneren Einbildungskraft) erreicht werden kann.[40] Damit entfällt allerdings nicht die objektive Seite der Offenbarung, ihr „Instruktionswert“ gewissermaßen.

> Es könnte gefragt werden, ob damit nicht die Objektivität der Offenbarungsgegebenheit zugunsten eines subjektivistischen Aktualismus aufgehoben ist. Ein solcher Gedanke hat indes in der Geisteswelt des heiligen Lehrers keinen Ansatzpunkt. Denn jener Tiefensinn der heiligen Schrift, in dem sie überhaupt erst „Offenbarung“ und Glaubensinhalt ist, steht nicht im Belieben des Einzelnen, sondern ist in den Lehren der Väter und der Theologie zum Teil objektiviert und so in den Grundlinien einfach durch Annahme des katholischen Glaubens zugänglich, der ja in seiner Zusammenfassung im Symbolum Prinzip der Schrifterklärung ist. Erneut versteht man hier die Identifizierung von „sacra scriptura“ und „theologia“: Nur die im Glauben verstandene Schrift ist wahrhaft heilige Schrift; so ist Schrift im Vollsinn Theologie, d. h. Buch *und* Verständnis des Buches im Glauben der Kirche; Theologie darf umgekehrt Schrift heißen, da sie ja nichts anderes als Schriftverständnis ist, das die Schrift erst zu offenbarungsgemäßer Fruchtbarkeit bringt. So begreift man auch, wieso Bonaventura in der programmatischen Vorrede zum Sentenzenkommentar den Theologen als „revelator absconditorum“ und die Theologie entsprechend als „revelatio absconditorum“ bezeichnet.[41]

Bonaventura kannte also keine Begriff von Offenbarung insgesamt, der alle Manifestationen Gottes bezeichnet. Im „allegorischen“ (oder besser: auf Christus hin offenen) Verstehen der Schrift enthüllt sich ihr verborgener mystischer Sinn, ebenso in der Theologie. Diese Enthüllung ist mit der Schrift nicht abgeschlossen, sondern schreitet mit der

---

40 Ebd., 67.

41 68/69. – Die scheinbar rhetorische Frage hatte ihren konkreten Anlass, den Ratzinger so darstellt: „[...] Michael Schmaus, der vielleicht auch von Freising ärgerliche Gerüchte über die Modernität meiner Theologie gehört hatte, sah in diesen Thesen keineswegs eine getreue Wiedergabe von Bonaventuras Denken (wovon ich hingegen auch heute noch überzeugt bin), sondern einen gefährlichen Modernismus, der auf die Subjektivierung des Offenbarungsbegriffes hinauslaufen müsse“ (*Aus meinem Leben 1998*, 84). Und: „Vorerst bewirkte der Abstand zu Schmaus eine Annäherung an Karl Rahner“ (89).

Geschichte fort. Wenn nun die Schrift die Seele der Theologie ist, die sich in ihr als ihrem Körper entfaltet und gestaltet, dann wirft dieser Befund – der sich übrigens nicht nur bei Bonaventura, sondern auch bei seinem Zeitgenossen Thomas von Aquin findet – ein neues Licht auf die neuzeitliche Trennung von Exegese und Dogmatik.

Am Ende der Zeit werde die Geschichte in die Sabbatruhe Gottes eingehen und das Volk Gottes als „kontemplative Kirche" unter einer „neuen Offenbarung" stehen.[42] So wenig oder doch so viel blieb, so Ratzingers These, bei Bonaventura übrig vom Millenarismus Joachims von Fiore. Die „Kleinen" und nicht die „Weisen" oder „Klugen" (vgl. Mt 11,25) werden, jenseits des diskursiven Denkens, die Offenbarung neu erfassen. Was von Joachims steilem Konzept bleibt, ist genau das, was von Franziskus her daran einleuchtet: „Franziskus ist eine Vorausdarstellung des neuen Offenbarungsstandes." Die *humilitas* (als Demut und Bescheidenheit) ist nicht nur eine aszetische Stufe, sondern entspricht auch einer „Stufung in der Offenbarungserfassung".[43] In der Offenbarung lassen sich die subjektive Disposition des Adressaten und der objektive Grad der *revelatio*, in dem sich Gott zu erkennen gibt, nicht trennen.

> Zur Offenbarung gehört vom Begriff selbst her ein Jemand, der ihrer inne wird. Diese bei der Lektüre Bonaventuras gewonnenen Einsichten sind mir später, beim konziliaren Disput über Offenbarung, Schrift, Überlieferung sehr wichtig geworden. Denn wenn es so ist, dann liegt Offenbarung der Schrift voraus und schlägt sich in ihr nieder, ist aber nicht einfach mit ihr identisch. Das heißt aber dann, daß Offenbarung immer größer ist als das bloß Geschriebene. Und das wieder bedeutet, daß es ein reines „Sola scriptura" („durch die Schrift allein") nicht geben kann, daß zur Schrift das verstehende Subjekt Kirche gehört, womit auch schon der wesentliche Sinn von Überlieferung gegeben ist.[44]

Diese schrifthermeneutische Deutung der *revelatio* mit den skizzierten Folgen prägt das Geschichtsdenken Bonaventuras in seinem *Hexaemeron* (Sechstagewerk der Schöpfung) von 1273. „Bonaventura glaubt an ein neues Heil *in* der Geschichte, *innerhalb* der Grenzen dieser Weltzeit".[45] Nicht nur das Verstehen des Heils kennt eine innergeschichtliche Entwicklung, sondern auch das Heil selbst ist eine dynamische und eschatologische Größe, die schon jetzt ein letztes Ziel sieht und es vorwegnimmt. Für Bonaventura gilt nicht nur das Sieben-Tage-Schema der Väter, an dessen Ende Christus steht. Vielmehr ist in Christus die

---

42 *Geschichtstheologie 1959*, 45.
43 Ebd. 73.
44 *Aus meinem Leben 1998*, 84.
45 *Geschichtstheologie 1959*, 15.

Mitte der Zeiten gegeben: der in Christus erfüllten und in seiner Wiederkunft auch geschichtlich erfüllten Zeit. Dennoch bleibt Augustinus maßgeblich auch für diese erweiterte Deutung. Im Unterschied zu Thomas lehnt Bonaventura jedoch ausdrücklich und prinzipiell aristotelische Grundannahmen ab. Die Ewigkeit der Welt verträgt sich nicht mit seinem dynamisch offenen Geschichtsverständnis, und auch von einer Schicksalsnotwendigkeit oder von der Einheit des Intellektes in allen Menschen kann nicht länger die Rede sein. Dieser Antiaristotelismus, wie er in den beiden „Collationes" („de decem praeceptis" bzw. „de donis Spiritus sancti") entfaltet wird, gründet letztlich in der geschichtlichen Hermeneutik der Schrift.[46] Dabei bedeutet Bonaventuras Antiaristotelismus nicht, dass er eine Autonomie natürlicher Vernunft bestreitet. Er will diese aber einbinden in eine christliche oder besser christozentrische Vernunft, für die es keine fremde und externe Vernunftinstanz geben kann. Christentum darf also nicht aristotelistisch verstanden werden, sondern umgekehrt kann Aristoteles nur unter christlichen Vorzeichen wirklich rezipiert werden.[47]

In dieser Wahlverwandtschaft zwischen Bonaventura und seinem Interpreten Ratzinger zeichnet sich ein eigenes Vernunftkonzept und damit eine Verhältnisbestimmung von Glaube und Vernunft ab, die auch seine späteren Schriften bestimmt.

Ratzingers Grundhaltung bleibt im letzten allem Intellektualismus und vor allem einem „idealistischen" Vertrauen in die Vernunft abgeneigt. Seine Interpretation Bonaventuras ist in einem hermeneutisch guten Sinn auf eine Identifikation ausgelegt, da er im Schatten des Kirchenlehrers, wie zuvor bei Augustinus, eine Position beziehen kann, die nicht ohne weiteres anfechtbar ist. Dessen Antiaristotelismus, vor allem aber die schrifttheologischen und geistlichen Voraussetzungen dieser Kritik unterscheiden ihn auffällig von Thomas.

> Heißt das nicht letztlich, daß man bei Bonaventura eben legitimerweise die Philosophie, die der Theologie geeint ist wie der Leib der Seele, nicht absondern und herauslösen darf, während es etwa bei Thomas von Aquin (dessen Philosophie ja auch zum größten Teil theologischen Werken entnommen werden muß) grundsätzlich ein Recht und eine Möglichkeit zur Abtrennung einer relativ selbständigen Philosophie gibt?[48]

Immerhin war der Aristotelismus von dem Pariser Bischof Stephan Tempier 1277 verurteilt worden. Bonaventura selbst wehre sich weniger gegen Aristoteles als vielmehr „gegen die aus dem Aristotelismus abgeleitete Verselbständigung der Philosophie, also gegen „die von

---

[46] Ebd. 136-140.

[47] 131-136.

[48] 133.

Aristoteles her gedachte thomanische Trennung von Philosophie und Theologie". Ratzinger sieht darin nicht eine bloße Reaktion des (Neo-) Augustinismus – dies liefe auf eine bloße Konkurrenz von Augustinusmus und Aristotelismus hinaus. Vielmehr steht grundsätzlich der Status christlicher Vernunft und ihrer Weisheit zur Frage.[49] Ratzingers Plädoyer für eine „schwache" Vernunft, sein späteres Misstrauen gegenüber ihren greifbaren Pathologien und seine offenbare Abneigung gegenüber Systemansprüchen jeglicher Art scheint sich bereits hier zu artikulieren. Für die spätere Auseinandersetzung mit dem transzendentalen „Thomisten" Karl Rahner wird auf die Fragen zu achten sein, die sich bereits hier stellen; ihn selbst lernte Ratzinger erst nach Abschluss seiner Habilitationsschrift auf derselben Tagung der deutschsprachigen Dogmatiker 1956 in Königstein kennen, auf der ihm Michael Schmaus die Ablehnung dieser Schrift eröffnete.[50]

Am Ende des publizierten Teils der Bonaventura-Studie verlagert sich das Gewicht derart auf die Aristotelismus-Frage, als sei die Auseinandersetzung mit dem joachimitischen Modell der Geschichte nur der Anlass, diese entscheidende Frage nach dem Verhältnis von christlicher Vernunft und Geschichte zu stellen. Auf das vierte Kapitel und seine Zusammenfassung muss daher noch ein genauerer Blick geworfen werden. Gegen den aristotelischen Gedanken einer unendlichen Reihe von weltlichen Ursachen und damit einer „unendlichen" Welt lasse sich insofern nichts einwenden, als diese Reihe dennoch von einem *primum movens* (Erstbewegendes) ausgehe und daher in sich selbst endlich, wenn auch nicht auf ein erschließbares Ende hin begrenzt sei. Thomas lehne also die Geschichtssystematik aus rein aristotelischen Gründen ab. Diese akzidentelle Unendlichkeit habe allerdings ihren theologischen Preis: „Geschichte ist das Reich des Zufälligen und eigentlich wissenschaftlicher Bearbeitung nicht fähig [...]. Bonaventura erkennt scharfsichtig, daß dieses Geschichtsbild unvereinbar ist mit dem christlichen Verständnis der Geschichte."[51]

Eine Heilsgeschichte, die mit einem innergeschichtlichen Handeln Gottes rechnet, kann also von aristotelischen Prämissen her nicht gedacht werden. Das organisierende Prinzip der Geschichte als Heilsgeschichte kann aber nur ihre Mitte sein, auf die hin die Welt in *egressus* (Hervorgang) und *regressus* (Rückkehr) geordnet ist: Christus. Während also Thomas als Aristoteliker rein philosophisch gegen Joachim argumentiert, bringt Bonaventura das entscheidende theologische (und ausdrücklich heilsgeschichtliche) Argument: Wenn die Mitte das Ziel

---

49 135.

50 *Aus meinem Leben 1998*, 82.

51 *Geschichtstheologie 1959*, 142.

der Geschichte ist, kann es nicht millenaristisch an ihr Ende verlegt und sogar berechnet werden.

Faktisch spricht Ratzinger mit Bonaventura hier Thomas die Möglichkeit ab, Heilsgeschichte mit Aristoteles überhaupt denken zu können. Die Brisanz dieser These, die er hinter dem schützenden Rücken Bonaventuras aufstellt, liegt also nicht nur darin, dass Ratzinger den Schulthomismus und die mit ihm gegebene Begrifflichkeit heilsgeschichtlich und christozentrisch unterläuft. Vielmehr richtet er seine kritischen Fragen zuletzt unmittelbar an Thomas selbst. Der geschichtstheologische Antiaristotelismus

> richtet sich primär nicht gegen den *historischen* Aristoteles, sondern gegen den *zeitgenössischen* Aristotelismus und bekämpft vor allem die Verselbständigung der Philosophie gegenüber dem Glauben. Insofern wächst der Antiaristotelismus hier zum Antiphilosophismus überhaupt an; die Verneinung des Aristoteles ist hier eine Verneinung der sich verselbständigenden Philosophie. Dies schließt aber wiederum eine Anerkennung der Philosophie *und* damit des Aristoteles in seiner Ordnung, d. h. in der Einfügung in die aus der Offenbarung kommende Wahrheit, nicht aus.[52]

Ratzinger will also „philosophisches Denken in Ein- und Unterordnung unter die Theologie durchaus" zulassen. Aber auch dieses Zugeständnis relativiert er noch einmal vom *Hexaemeron* her. „Die Vernunfttheologie wird als vorläufig gekennzeichnet und für die bevorstehende Endzeit eine reine Autoritätentheologie vorhergesagt." Der „Antiphilosophismus" gewinnt also noch eine geschichtliche Dimension hinzu. In der Sicht eines „prophetischen Antischolastizismus", wie ihn Bonaventuras vertrete, sei zwar das spekulative Denken in Philosophie und Theologie vorläufig noch berechtigt. Aber es leite zu derjenigen *contemplatio* (Betrachtung) hin, die dem heiligen Franziskus in seiner *humiliatio* (Demut) bereits exemplarisch gegeben worden sei.[53]

Der Disput, der auf die Habilitationsvorlesung Ratzingers am 21. Februar 1957 folgte, führte zu einer Kontroverse von Referent und Koreferent. Söhngen und Schmaus „wandten sich dem Auditorium zu und dozierten in dieses hinein; ich stand im Hintergrund, ohne noch gebraucht zu werden"[54]. Seine Brauchbarkeit für die akademische Lehre schien aber längst zuvor festzustehen; eine Anfrage der Katholisch-Theologischen Fakultät zu Mainz im Sommer 1956, den Lehrstuhl für Fundamentaltheologie zu übernehmen, lehnte er ab. Zum 1. Januar 1958 wurde er zum Professor für Fundamentaltheologie und Dogma-

---

[52] Ebd. 160.

[53] 160/161.

[54] *Aus meinem Leben 1998*, 88.

tik an der Philosophisch-Theologischen Hochschule zu Freising ernannt, nahm aber schon im Sommer den Ruf auf den Lehrstuhl für Fundamentaltheologie der Theologischen Fakultät Bonn an. Was er bisher als Interpret Augustins und Bonaventuras gefragt und angedeutet hatte, sagte er ab jetzt aus eigener Sache und Position.

3
Vom Konzil zur „Einführung in das Christentum" (1959-1969): *Tradition und Theologie*

Mit dem Ruf nach Bonn übernahm Ratzinger im Sommersemester 1959 nicht nur einen renommierten Lehrstuhl für Fundamentaltheologie, sondern auch die erste akademische Position, die aus dem Kreis seiner ehemaligen Freisinger und Münchner Lehrer hinausführte. Neben den Kollegen Johann Auer und Ludwig Hödl in der Dogmatik lehrten dort die Historiker Theodor Klauser und Hubert Jedin, außerdem der Indologe Paul Hacker, dessen religionsgeschichtliche Kompetenz Ratzinger insofern zu schätzen wusste, als er selbst auch Religionsgeschichte zu lehren hatte. Da ein Fundamentaltheologe seiner Profession wegen kein Religionswissenschaftler im heutigen Sinn ist, dürfte dieser Arbeitsbereich – an deutschen Fakultäten nicht selten an die Fundamentaltheologie gekoppelt – in der Sache eher als eine „Theologie der Religionen" zu beschreiben sein. Zudem las Ratzinger in seinem ersten Bonner Semester auch die „Einführung in die Religionsphilosophie" und begegnete dort einem seiner namhaftesten Schüler, dem späteren Freiburger Fundamentaltheologen Hansjürgen Verweyen. Ihm habe er auch „gestanden, wie hart es ihm geworden war, sich in kürzester Frist auf diese ‚Feuerprobe' vorzubereiten"[1]. Der Radius der Themen erweiterte sich. Ratzinger musste vor dem Indologen Paul Hacker und dem Religionsphänomenologen Gustav Mensching bestehen, der die Religionswissenschaft ausdrücklich von der Theologie abkoppelte. In Freising und München vertrat Ratzinger eine durch die Kirchenväter gedeckte, aber gleichwohl riskante dogmatische Avantgarde. Nun musste er sich profiliert der zentralen Frage seines Faches zuwenden, wie er es mit der theologischen Vernunft und insbesondere mit ihrer Wahrheit halte. Dabei war vor allem die systematische Linie seiner Bonaventura-Studie programmatisch weiter zu entwickeln.

Die Bonner Antrittsvorlesung: Glaube und Vernunft

Die Antrittsvorlesung vom 24. Juni 1959 intonierte demnach erstmals das Leitthema Ratzingers. Er selbst betonte, „wie sehr die damals gestellten Fragen bis heute sozusagen der Leitfaden meines Denkens ge-

---

1 *Verweyen, Ratzinger-Benedikt 2007*, 27.

blieben sind“, und zwar sowohl für seine „Einführung in das Christentum“ als auch in die religionstheologischen Studien seiner letzten Jahre als Präfekt der Glaubenskongregation.[2] Ratzingers Konzept einer theologischen Rationalität – um das Wort vom „Ansatz“ zu vermeiden – stand also bereits mit seiner Antrittsvorlesung so fertig da, wie nach der griechischen Mythologie Pallas Athene, die personifizierte Weisheit, schon in voller Rüstung dem Haupt des Zeus entspringt.

„Der Gott des Glaubens und der Gott der Philosophen. Ein Beitrag zum Problem der theologia naturalis“: Der Titel spielt auf ein Wort aus Pascals *Pensées* an, das „beinahe ein Schlagwort und auf jeden Fall ein Gemeinplatz geworden“ sei[3], scheint es doch das Konzept eines Logos des Glaubens zu vertreten, der außerhalb natürlicher oder philosophischer Rationalität steht. Die Frage nach der *theologia naturalis* schließt darum die Frage nach der Möglichkeit einer dogmatischen Religion ein. Damit ist die fundamentaltheologische Grundfrage schlechthin aufgeworfen. Die theologische Synthese des hl. Thomas steht hier gegen Karl Barth, der die protestantische Antithese vertritt.[4] Ratzinger selbst greift aber noch weiter zurück, wenn er beim Stoizismus Varros (116-27 v. Chr.) ansetzt. Die philosophische Wahrheit, die auch um die Wahrheit des Göttlichen weiß, schließe die religiöse polytheistische Praxis aus ihrem Vernunftkonzept aus. Die vielen Götter und ihre Verehrung entziehen sich eben ihrer Vielheit wegen der Frage nach der Wahrheit, die nur *eine* sein kann – so etwa lautet Ratzingers Formel, mit der er seine scharfe Kritik am aufkommenden „Lob des Polytheismus“ (Odo Marquard) zuspitzt.[5] Bloße polytheistische Religion sei daher alogisch, weil sie den Gedanken des Einen nicht zu denken vermöge. Der Eine, der Hochgott, bleibe jenseits von Offenbarung und Verstehen. Dieser Gedanke des Einen aber sei fundamental mit dem Anspruch der Wahrheit verbunden. Was aber die vielen Götter und ihre Kulte wahr machen oder widerlegen könnte, bleibe ohne die eine Wahrheit unzugänglich.[6] Anders gesagt: Weil nun alle nichts von diesem Einen wissen wollen oder können, bilden sie eine Art pluralistische und polytheistische Ökumene des Nichtwissens. Diese

---

2 *Vorwort 2004*, 7.

3 *Der Gott des Glaubens 1959*, 42.

4 Vgl. ebd. 43-49.

5 Ratzinger formulierte in seiner Dissertation fast noch deutlicher: „Die civilische Theologie hat letztlich keinen Gott, sondern nur ‚Religion‘, die ‚natürliche Theologie‘ hat keine Religion, sondern nur eine Gottheit“ (*Volk und Haus Gottes 1954*, 270). Dann ist die Religion abhängig von der *civitas*, weil „keine Verbindungslinie vom ‚wahren Gott‘ zur Religion führt“ (275).

6 *Der Gott des Glaubens 1959*, vgl. 49-53.

Ökumene ist duldsam: Weil alle letztlich nichts wissen, dürfen alle alles sagen. Diese stillschweigende Verfahrensregelung bezeichnete Ratzinger später als „Diktatur des Relativismus“, weil sie sich der Wahrheitsfrage entzieht. Ratzinger hat diesen Argumentationsweg nie aus dem Blick verloren; sein Beitrag über die „Einheit und Vielfalt der Religionen“ in der Festschrift zum 60. Geburtstag Karl Rahners (1964) und die Wiederaufnahme des Themas in dem Sammelband „Glaube – Wahrheit – Toleranz“ (2003) präzisierten das Problem im Blick auf die Pluralistische Theologie der Religionen und auf das ägyptologische Toleranzedikt Jan Assmanns erneut. Der Eine, den die „mosaische Unterscheidung“ entdeckt, wirft ein doppeltes Problem auf: Wie tolerant kann Wahrheit sein, und wie wahrheitsfähig ist Toleranz?

Aber woher weiß der christliche Glaube überhaupt von dem Einen, der sich für die Religionen stumm verbirgt? Ratzinger antwortete „mit der Feststellung, dass der stumme und unaussprechbare Gott der Philosophen in Jesus Christus zum redenden und hörenden Gott geworden ist“ und so „den vollen inneren Anspruch des biblischen Glaubens vollstreckt“[7]. Es geht also um die Wahrheit des Mensch gewordenen Logos, wie ihn die Schrift bezeugt. Der Logos, von dem her die Identität des Gottes der Philosophen mit dem Gott des Glaubens ausgesagt werden kann, ist der Logos Jesu Christi. Einheit ist nicht der höchste Punkt einer dialektischen Synthese oder eines Identitätssystems. Dem „partiellen Identitätssystem“ des hl. Thomas komme zwar „zweifellos echtes Recht zu“.[8] Ratzinger konfrontiert aber Thomas unmittelbar mit der entschiedenen Absage, die Karl Barth in seiner dialektischen Theologie der katholischen Synthese und vor allem ihrem Modell der *analogia entis* erteilt hatte. Dieses Modell geht davon aus, das Entsprechungsverhältnis der geschaffenen Welt zu ihrem Schöpfer erlaube „analoge“ Aussagen über Gott. Solche Aussagen wahren die Göttlichkeit Gottes, in dem sie nicht etwa „univok“ Aussageinhalte über die Schöpfung auf den Schöpfer übertragen; derselbe Begriff bedeutet verschiedenes, je nach dem er über den Schöpfer oder die Schöpfung spricht, in der sich der Schöpfer selbst „geoffenbart“ hat. Wären solche Aussagen unmöglich, so gäbe es streng genommen keine rationale und argumentierende Theologie, sondern nur den Versuch, die Aussagen des Glaubens zwar zusammenhängend zu artikulieren, ohne diesen Zusammenhang selbst vernünftig zu verstehen. Der Inhalt des Glaubens ließe sich dann eben so wenig plausibel vermitteln wie der Akt des Glaubens selbst, insofern dieser Akt eine nicht weiter ableitbare, wenn auch begründbare Entscheidung ist. Eine Art Propädeutik der

---

[7] 53.

[8] 57.

Theologie, nämlich der Versuch, zwischen Vernunft und Glaube mit dem Anspruch auf Wahrheit zu vermitteln, fiele aus. Diese Propädeutik gehört aber nicht nur zum spezifischen Bestand katholischer Theologie. Sie macht den Glauben theologisch und fähig, auch mit Nichtglaubenden in einen vernünftigen Dialog über den Glauben einzutreten.

Mit Bonaventura meldete Ratzinger allerdings seinen Vorbehalt gegenüber dem Lösungsvorschlag an, für den sich Thomas auf Aristoteles berief und den er deswegen „den Philosophen“ schlechthin nannte. Eine aristotelische Vernunft beschränke die Geschichte auf das Reich des Zufälligen und könne gültige Aussagen nur über das Göttliche machen, insofern es außerhalb der Geschichte stehe. Dann aber lasse sich der entscheidende theologische Gedanke der Heilsgeschichte nicht mehr formulieren: Die Inkarnation Jesu Christi, ja das Christus-Ereignis überhaupt bliebe ein unlösbares Problem innerhalb der Grenzen eines Denkens, für das Ratzinger auch den hl. Thomas verantwortlich machte. Im Gegenzug zu diesem Modell lehnte es Karl Barth entschieden ab, eine so verstandene autonome Vernunft für die Theologie in Dienst zu nehmen. Eine *theologia naturalis* („natürliche Theologie“) als philosophische Theologie sei unmöglich. Emil Brunner versucht mit seiner Gegenthese einen dritten Weg, der zwischen theologischem Aristotelismus hier und dialektischer Theologie dort hindurchführen sollte. Mit gutem Grund, denn eine missionarisch denkende Theologie, wie er sie vertrat, will an das mögliche menschliche Verständnis des Glaubens und seiner Botschaft anknüpfen. Sie teilt zwar das Anliegen, das Thomas zu Aristoteles führte, nicht aber sein aristotelisches Vernunftkonzept und noch weniger die neuzeitlichen Vernunftkonzepte eines aufgeklärten Idealismus. Brunner wollte allerdings in der Synthese des hl. Augustinus den Versuch erkennen, den Logos der Bibel mit dem Logos der spätantiken Philosophie gleichzusetzen. Er stellte den Gott dieser Philosophie daher strikt gegen den Gott des Glaubens und verurteilte „den von Augustin hergestellten Bindestrich zwischen neuplatonischer Ontologie und biblischer Gotteserkenntnis“[9].

An diesem Punkt trennt sich Ratzingers Argumentation von der Antithese Brunners. Er folgt weder dem Aristotelismus des Thomas noch Brunners Einspruch, sondern verteidigt die augustinische Synthese von biblischem und philosophischem Logos, die ihrerseits im Kontext der altkirchlichen Konzilsentscheidungen zu verstehen ist: Denn wie der göttliche Logos Mensch wird und damit die Mitte der Geschichte als Heilsgeschichte bildet, so wird auch dieses Geschehen

[9] 48.

in den Mitteln menschlichen Handelns, Sprechens und Denkens zugänglich. Dafür beruft sich Ratzinger auf die philosophische Kritik des Polytheismus: Wie die Wahrheit nur eine ist, so kann auch der Gott nur einer sein. Aber auch dieses Argument trifft noch nicht das eigentliche Problem, denn der so entwickelte *Begriff* des einen Gottes trifft noch nicht die zentrale Botschaft der biblischen Religion. Während der *deus otiosus* tatenlos ist und nicht geschichtlich handelt, bleibt der eine göttliche Gott der Bibel nicht schweigend und unzugänglich jenseits der Welt. Er eröffnet die Geschichte als Schöpfer und offenbart sich selbst in ihr. Wenn beides festgehalten werden soll, der philosophische Begriff der Göttlichkeit Gottes und der theologische Begriff der Offenbarung in der Geschichte, dann ist „der Bindestrich, den Augustin ‚zwischen neuplatonischer Ontologie und biblischer Gotteserkenntnis' [Zitat Emil Brunner] gesetzt hat, [...] von der Sache des Monotheismus her legitim". Wenn diese Feststellung

> zutrifft, dann bedeutet dies, daß die von den Kirchenvätern vollzogene Synthese des biblischen Glaubens mit dem hellenischen Geist als dem damaligen Repräsentanten des philosophischen Geistes überhaupt nicht nur legitim, sondern notwendig war, um den vollen Anspruch und den ganzen Ernst des biblischen Glaubens zum Ausdruck zu bringen. Dieser volle Anspruch ruht ja dann gerade darauf, daß es den Bindestrich zum vorreligiösen, philosophischen Gottesbegriff gibt. Das bedeutet aber, daß die philosophische Wahrheit in einem gewissen Sinn konstitutiv mit in den christlichen Glauben hineingehört und dies wiederum besagt, daß die analogia entis eine notwendige Dimension der christlichen Wirklichkeit ist, deren Streichung zugleich die Aufhebung des eigentlichen Anspruchs wäre, den das Christentum zu stellen hat.[10]

Wenn der Glaube und seine Theologie nun die Philosophie in Dienst nehmen, verletzen sie deren Autonomie keineswegs. Eine Philosophie, die *ancilla theologiae* (Magd der Theologie) ist, leistet ihre Dienst nicht gezwungen, sondern frei und radikal vernünftig. Sie dient nicht durch eine bloße Übernahme von Dienstleistungen an einen fremden Dienstherrn, sondern in ihrem Dienst an derselben Wahrheit, die für den Glauben eben keine andere Wahrheit sein kann als für die Philosophie auch. Der Unterschied von Glaube bzw. Theologie und Philosophie bleibt gewahrt; Philosophie wird nicht Glaube, Glaube geht aber auch nicht in Philosophie auf. Insofern komme „dem ‚partiellen Identitätssystem' des Thomas zweifellos echtes Recht zu" – was nicht, wie die präzise Formulierung nahelegt – bedeutet, sie sei einfachhin im Recht. „Dennoch bleibt da ein Stachel zurück", dessen Spitze Barth und Brun-

---

[10] 54.

ner empfunden haben. Philosophie kann nicht in Theologie aufgehen, Aristotelismus nicht in Thomismus.

> Und weiterhin wird der Begriff des Absoluten, wenn er aus seiner philosophischen Eigenexistenz oder genauer: aus seinem bisherigen Zusammensein mit dem Polytheismus herausgelöst und in das Beziehungsfeld des Glaubens eingefügt wird, notwendig eine tiefgehende Reinigung und Wandlung durchmachen müssen.[11]

Der Gedanke, Philosophie und Glaube seien aufeinander verwiesen und zur Korrektur ihrer jeweiligen „Pathologien“ aufgefordert, kehrt auch in Ratzingers Münchner Gespräch mit Jürgen Habermas 2004 wieder. Die autonome Philosophie ist die geschichtliche Instanz einer „schwachen“ Vernunft“; sie bleibt damit ebenso anfällig für Deformationen wie der Glaube und seine Theologie. Ratzinger greift nicht auf eine übergeschichtliche Instanz der Vernunft zurück; er macht diese Instanz auch nicht ahistorisch an einem bestimmten Ansatz fest, sei es am Aristotelismus des Thomas oder an der deutschen Transzendentalphilosophie.

Mit dieser komplexen Verhältnisbestimmung von Glaube und (philosophischer) Vernunft verließ Ratzinger den Bereich der thomistischen Schulphilosophie und -theologie. Zugleich lehnte er implizit eine formulierbare „Erstphilosophie“ für den Glauben ab, indem er für eine schwache geschichtliche Vernunft votierte. Hier lagen und liegen die Gründe seines Vorbehalts gegenüber einer Theologie, die es sich zutraut, die transzendentalen Bedingungen einer möglichen Offenbarung Gottes zu formulieren. Er markierte aber auch eine von Bonaventura erlernte Unterscheidung: Heilsgeschichte hat keinen „Begriff“, sondern eine geschichtliche Mitte. Diese Mitte ist die geschichtliche Selbstaussage Gottes in Christus. Insofern darf es nicht wundern, dass Ratzinger schon 1964 in der Festschrift für Karl Rahner seine Vorbehalte gegenüber dessen Art von transzendentaltheologischem Ansatz aussprach (vgl. den Exkurs am Ende dieses Kapitels). Die Synthese seiner Theologie ist kein Produkt dieser Theologie, sondern bleibt der Versuch, die im Glauben der Kirche und vor allem in ihrer Liturgie vorgegebene Synthese von Gott und Mensch in Christus zu entfalten.

Als Peritus auf dem II. Vatikanischen Konzil: Die Frage der Überlieferung

1963 folgte Ratzinger einem Ruf auf den Lehrstuhl für Dogmatik und Dogmengeschichte an der Westfälischen Wilhelms-Universität Müns-

---

[11] 57/58.

ter. Seine Antrittsvorlesung hielt er über das Thema „Offenbarung und Überlieferung“. Sie geht in überarbeiteter Form als „Versuch einer Analyse des Traditionsbegriffs“ in den Sammelband der *Quaestiones disputatae* 25 ein, den er gemeinsam mit Karl Rahner herausgab. Seine an Bonaventura geschulte Kompetenz, eine der wichtigsten theologischen Fragen der Neuzeit zu bearbeiten, durfte Ratzinger allerdings als Peritus des Kölner Kardinals Joseph Frings unter Beweis stellen. Papst Johannes XXIII. hatte das II. Vatikanische Konzil angekündigt. Nach einer Zeit der vorsichtigen und zielstrebigen Reformen Pius‘ XII. in Liturgie und Kirche – etwa die Neuordnung der Osternacht oder der ekklesiologische Aufbruch der Enzyklika *Mystici corporis* – überraschte das „Euphorische“ der nun geweckten Erwartungen eigentlich niemanden. An einem Vortragsabend Ratzingers über die Theologie des Konzils an der Akademie Bensberg sprach Frings ihn an. Er

> verwickelt mich hernach in ein langes Gespräch, das zum Ausgangspunkt einer über Jahre währenden Zusammenarbeit wurde. Als Mitglied der Zentralen Vorbereitungskommission des Konzils erhielt der Kardinal die Textentwürfe („Schemata“), die den Vätern nach Einberufung der Kirchenversammlung zur Beratung und Abstimmung vorgelegt werden sollten. Diese Texte sandte er mir nun regelmäßig zu, um von mir Kritik und Verbesserungsvorschläge zu erhalten.[12]

Ratzinger sieht in dieser Rückschau „zu einer radikalen Ablehnung“ dieser kurialen Texte, die durchweg schultheologisch „grundsolide und sorgsam“ erarbeitet worden seien, „keinen Grund“. Gleichwohl bezeichnet er sie als „etwas steif und eng“, nicht auf der Höhe des theologischen Diskurses und vor allem mehr gelehrt als pastoral orientiert. „Die große Stunde des Konzils“ selbst nennt er zugleich „das theologisch-kirchliche Drama jener Jahre. Der erste Beratungsgegenstand, die Liturgie und ihre Erneuerung habe „für die Mehrheit der Konzilsväter keine Priorität“ besessen, die Teilnehmer aus Frankreich und Deutschland ausgenommen. Wieweit sich die Erwartungen theologischer und kirchlicher Kreise überhaupt mit den Interessen der Konzilsteilnehmer deckten und ob der Ausgleich dieser Erwartungen vom Konzil selbst (oder von seinen Interpreten) vorgenommen wurde, fragte Ratzinger bald nach Abschluss des Konzils.

Konfliktträchtig zeigte sich das Thema, dem auch Ratzingers Habilitationsschrift gilt: Welche sind die Quellen der Offenbarung? In welchem Verhältnis stehen diese Quellen Schrift und Überlieferung zuein-

---

[12] *Aus meinem Leben 1998*, 100/101. – Ausführlich dazu vgl. Guido Treffler, *Der Konzilstheologe Joseph Ratzinger im Spiegel der Konzilsakten des Münchener Erzbischofs Julius Kardinal Döpfner*, in: *Ratzinger und das Erzbistum München und Freising 2006*, 151-183.

ander? Was ist Offenbarung überhaupt? Hier war also eine fundamentaltheologische Hauptkategorie zu verhandeln. Außerdem stand ein starkes Schriftprinzip dem reformatorisches *sola scriptura* möglicherweise näher, als den Konzilsväter lieb sein durfte. Für die Theologie stellte sich die seit Jahrzehnte verschärfte, in ihrer Lösung verschleppte Frage nach dem Verhältnis der historisch-kritischen Methode zur Autorität des Lehramts.

> Diese Methode duldet ihrem Wesen nach an sich keine Einschränkung durch ein autoritatives Lehramt; sie kann keine andere Instanz als eben die des historischen Arguments anerkennen. Von ihr her war auch der Begriff der Überlieferung fragwürdig geworden, denn eine neben der Schrift herlaufende und bis auf die Apostel zurückreichende mündliche Überlieferung, die eine eigene Quelle der historischen Erkenntnis neben der Bibel darstellen könnte, ist eben von der historischen Methode her nicht auszumachen [...].[13]

Der methodische Eigenstand einer Disziplin einerseits, ihre theologische Qualifikation andererseits – diese beiden Hörner bilden das klassische Dilemma der historisch-kritischen Exegese der Heiligen Schrift. Entsprechend führt die Methode allein in die bekannten Probleme einer liberalen Theologie ohne Dogma, während eine lehramtliche Restriktion, ob freiwillig durch den Exegeten selbst oder durch kirchliche Instanzen vorgenommen, eine äußerliche Manipulation bleibt. Während nun die erste Konsequenz eher das Problem der protestantischen Exegese zu sein schien, waren viele Teilnehmer des Konzils durch unmittelbare Erfahrung von der zweiten Konsequenz betroffen. Dies galt auch für Ratzinger, der die neutestamentliche Exegese in Freising durch Friedrich Wilhelm Maier kennen gelernt und die Härte eines Lehrstuhlverzichts von ihm erfahren hatte. Ein *sola scriptura* würde die Exegese zur konkurrierenden oder gar zur letzten Instanz in der Kirche erklären und dazu führen, „daß der Glaube sich ins Unbestimmte und ständig Wechselnde historischer oder scheinhistorischer Hypothesen“ zurückzöge.

> Natürlich mußte das Konzil dieser so entfalteten Theorie widerstehen, aber das Schlagwort von der „materialen Vollständigkeit“ samt all seinen Konsequenzen war im öffentlichen kirchlichen Bewußtsein weithin stärker als der tatsächliche Endtext des Konzils. Das Drama der nachkonziliaren Epoche ist weitgehend von diesem Schlagwort und seinen logischen Konsequenzen bestimmt worden.[14]

Das Schlagwort, auf das Ratzinger hier anspielt, knüpfte an eine These des Tübinger Dogmatikers Josef Rupert Geiselmann an: Das Konzil

[13] Ebd. 106.
[14] 128.

von Trient habe zwar letztlich Schrift und Überlieferung mit einem schlichten „et“ verbunden, aber, wie die Akten zeigten, eher ein „partim-partim“ (teils-teils) gemeint. Die nachtridentinischen Katechismen seien dieser Intention gefolgt. Der Sachverhalt erlaubt aber verschiedene Deutungen. Entweder bilden Schrift und Tradition die eine und ganze Offenbarung, die teilweise in der Schrift und teilweise in der Tradition enthalten ist. Oder die Offenbarung ist jeweils in der Schrift und in der Tradition enthalten. Auch wenn in beiden Fällen das genaue Verhältnis beider Größen nicht weiter bestimmt scheint: Im zweiten Falle ist die Schrift „material suffizient“, weil sie die Offenbarung vollständig enthält. Aber – und darin unterscheidet sich Geiselmanns Deutung von Luthers *sola scriptura* – die Überlieferung enthalte diese Offenbarung ebenfalls vollständig. Sie wäre somit kein entbehrlicher, menschlich-geschichtlicher Zusatz zum „reinen Evangelium“. Im Gegenteil: Als „traditio interpretativa“ (Deutungstradition) bilde sie gerade so den notwendigen Verstehenskontext der Schrift, ohne den diese nicht der in ihr enthaltenen Offenbarung gemäß ausgelegt werden könne. Die Diskussion um diese inhaltliche Vollständigkeit („materiale Suffizienz“) der Schrift wurde erbittert geführt.[15] Ratzinger selbst wertet die Deutung Geiselmanns ab, da die von ihm „zum zentralen Punkt gemachte redaktionelle Veränderung nur ein unbedeutender Nebenaspekt im Ringen der Väter gewesen“ sei.[16]

Von seinen Bonaventura-Studien her, die eine schlichte Gleichsetzung von Schrift und Offenbarung geschichtstheologisch und christologisch verbieten, waren seine

> Einwände gegen das vorgelegte Konzilsschema ganz anderer Art als die Thesen Geiselmanns und ihre Vergröberung im aufgeregt werdenden Konzilsklima. [...] Offenbarung, das heißt das Zugehen Gottes auf Menschen, ist immer größer als das, was in Menschenworte gefaßt werden kann, größer auch als die Worte der Schrift. [...] Genau diesen Überhang von Offenbarung über Schrift, den man nicht noch einmal in einen Kodex von Formeln fassen kann, nennen wir „Überlieferung“.

Es sei ihm in der Konzilsaula eben so wenig möglich gewesen, diese „aus den Quellen gewonnene Sicht deutlich zu machen“, wie er „ja schon 1956 nicht verstanden worden war“ – eine deutliche Anspielung auf die Ablehnung seiner Habilitationsschrift durch Michael

---

15 Vgl. Ratzingers *Kommentar zu Dei verbum 1967*, 523-525; außerdem Josef Rupert Geiselmann, *Das Konzil von Trient über das Verhältnis der Heiligen Schrift und der nicht geschriebenen Traditionen*, in: *Die mündliche Überlieferung*, hg. von Michael Schmaus, München 1957, 123-206.

16 *Aus meinem Leben 1998*, 128. – Vgl. die ausführliche Untersuchung der These Geiselmanns in: *Offenbarung und Überlieferung 1965*, 43/44 sowie 77.

Schmaus.[17] Ein von Kardinal Frings angeregtes alternatives Schema, das Ratzinger eilig zu Papier brachte, „konnte es natürlich an Solidität und Gründlichkeit nicht von ferne mit dem amtlichen Schema aufnehmen [...]. Es war klar, der Text mußte weiter bearbeitet und vertieft werden“.[18]

Das vorbereitende Schema der Konstitution schrieb die Linie der Offenbarungskonstitution des I. Vatikanum also fort, die ganz vom Thomismus des Francisco Suárez bestimmt war. Die übernatürliche Offenbarung „instruiert“ ihren Adressaten und vermittelt ihm Offenbarungsinhalte, die zu wissen und anzunehmen sind. Ein Glaube, der so verstanden wird, nähert sich einer bloßen Einsicht in gewusste Glaubensinhalte und ihre Formulierungen. Der Akt der Zustimmung im Glauben reduziert sich darauf, eine übernatürliche Tugend zu verwirklichen, durch die das Geoffenbarte auf Grund der Autorität des offenbarenden Gottes zwar für wahr gehalten, aber nicht seiner inneren Wahrheit nach von der natürlichen Vernunft „erkannt“ wird. Dennoch zieht die Vernunft äußere Beweise („argumenta“) dieser Offenbarung, etwa Wunder oder Weissagungen, als Zeichen der Glaubwürdigkeit heran (vgl. DH 3004-3011). Im Unterschied zum hl. Thomas wird Offenbarung hier nicht vom Menschen her bestimmt, der auf die Vollendung in Gott angelegt ist, sondern „extrinsezistisch“ als etwas, das rein äußerlich zu ihm hinzukommt und ihm fremd bleibt. Wie, warum und wem (also welchem Gott!) der Glaube in der Offenbarung zustimmt, kann ein solches Konzept dann kaum noch klären. Wenn Ratzinger in seinen „Erinnerungen“ das so entwickeltes Schema dennoch als „grundsolide und sorgsam“ erarbeitet wertet, so zeugt eine solche Wertung zwar von großem Respekt für ein theologisches Paradigma, von dem er selbst sich längst verabschiedet hatte, aber auch von versteckter Kritik am Diskussionsverlauf in der Konzilsaula. Denn die schultheologische Position bewegte sich ebenso wie die Kritik an ihr in denselben konzeptuellen Bahnen. Dies dürfte vielleicht auch erklären, warum der Streit so erbittert und fruchtlos verlief. Dieser Streit reichte übrigens, wie sich zeigen wird, auch in die weltoffene Pastoralkonstitution *Gaudium et spes* hinein.

Ein Paradigmenwechsel im Begriff der Offenbarung blieb zwar aussichtslos. Möglich war aber immerhin eine „zweite, vertiefte Fassung“ des Schemas. Ratzinger erstellte sie zusammen mit Karl Rahner.[19] Hier

---

[17] *Aus meinem Leben 1998*, 129; vgl. auch den *Kommentar zu Dei verbum 1967*, 516 (Art. 7).

[18] *Aus meinem Leben 1998*, 130.

[19] Publiziert aus dem Kardinal Döpfner-Archiv, Konzilsakten 3321, in: *Ratzinger und das Erzbistum München und Freising 2006*, 173-181 (wichtig vor allem Cap. III, 2 und 4).

zeichnete sich allerdings die nächste Konfliktlinie ab. Die Überarbeitung ging zum einen „weit mehr auf das Konto Rahners als auf meines“. Zum anderen gewann Ratzinger den Eindruck, dass Rahner und er „trotz der Übereinstimmungen in vielen Ergebnissen und Wünschen theologisch auf zwei verschiedenen Planeten lebten“: Für Rahner galt „die Tradition der suarezianischen Scholastik und ihrer neuen Rezeption im Licht des deutschen Idealismus und Heideggers“, für Ratzinger dagegen die heilsgeschichtliche Theologie der Väter und Bonaventuras. Die „Trennung unserer Wege nach außen“ blieb eine Frage der Zeit.[20] Vorerst verdeckte die gemeinsame Arbeit noch die tieferen Gräben. Aber auch das überarbeitete Schema verfehlte die Mehrheit ebenso wie die offizielle Vorlage. Die Konstitution konnte erst in der letzten Sitzungsperiode des Konzils verabschiedet werden.

Ratzingers Kommentar zu den Kapiteln 1, 2 und 6 versucht, der Rezeption dieses Basistextes eine Richtung zu geben. Er verschweigt nicht die logischen Brüche im päpstlichen Vorwort, betont aber „die formale Struktur des Kerygmas als einer Botschaft [...] aus geschichtlicher Zeugenschaft – Hören und Sehen – “ und ihren Verweis auf die Inkarnation.[21] Dennoch hält er an der Kontinuität der beiden vatikanischen Konzilien fest und betont den Versuch, „die positivistische Redeweise vom duplex fons [Schrift und Überlieferung als doppelte Quelle der Offenbarung] abzubauen“. Nicht mehr die Satzwahrheit übernatürlicher Inhalte bzw. Dekrete des göttlichen Willens, sondern „das ‚sacramentum‘ seines Willens“ wird zum Thema.[22] Offenbarung ist eine Totalität von Wort und Ereignis in Christus, in dem „der Dialog Gottes ans Ziel gekommen“ ist[23] und in den sich alle Einzelwunder – die „argumenta“ der schultheologischen Offenbarungslehre – einfügen[24]. Dies gilt auch für die eschatologische Dimension dieses Ereignisses, die „noch deutlicher herausgestellt werden“ müßte.[25] Die Heilsgeschichte, deren Mitte Christus ist, bleibt auf ihn hin offen, offen aber auch für „das Wachstum der *Überlieferung* [...] im Verstehen der ursprunggebenden Wirklichkeit“[26]. Dem geschichtlichen Ereignis des Heils entspricht also ein wachsendes geschichtliches Verstehen, das weder spekulativ eingeholt noch überholt werden kann.

---

20 *Aus meinem Leben 1998*, 130-131.

21 *Kommentar zu Dei verbum 1967*, 504.

22 Ebd. 506.

23 Vgl. ebd. 508 bzw. 510.

24 511; vgl. zur christologischen Mitte 515.

25 512. – Man hätte auch „den traditions-kritischen Faktor bzw. an dieser Stelle [Art. 5] die Unmöglichkeit einer geradlinigen ‚perfectio‘-Idee [...] deutlicher bedenken sollen“ (514; vgl. 519-520 zu den Einsprüchen von Kardinal Albert Gregory Meyer).

26 522.

Verbirgt sich aber im „partim-partim“ Geiselmanns und im schlichten verbindenden „et“ der Konstitution zuletzt nicht doch ein Rest des schultheologischen Extrinsezismus? Kehren seine Entgegensetzungen nicht doch in gemilderter Form wieder, so dass das Ergebnis auch in anderen Dokumenten manches ungeklärt lässt? Das Schema des Einheitssekretariats mit dem Titel „De verbo Dei“ versuchte, „einen Grundriß einer Theologie des Wortes vorzulegen und damit auch innerhalb der lehramtlichen Aussagen eine Lücke zu schließen, die in der Gesamtkonstruktion der katholischen Theologie immer deutlicher bewußt wird“[27]. Dieses Anliegen ging zuletzt in den Endtext ein. Auch eine „Ermutigung zum Studium der Väter und der Liturgien“ finde erst dort „ihre ausgeführte Gestalt“. Sie entsprach dem Anliegen einer Minorität, „einen isolierten Biblizismus zu verhindern und der Tradition im Leben der Kirche den gebührenden Platz zu erhalten“.[28] Zwar gebe es die Schrift „letztlich wirklich immer nur in einem wie auch immer gearteten una cum traditione, das im übrigen nicht nur die Zuordnung der Schrift auf die Überlieferung hin, sondern gleichzeitig auch deren Rückbindung an die Schrift ausdrückt“[29]. Aber die Schrift sei doch „auf Grund der Inspiration als ganze Offenbarungswort [...], was von keinem anderen Dokument christlicher Vergangenheit behauptet werden darf, und so die Schrift als die grundlegende Gestalt der ‚Überlieferung‘ ausweist“[30].

Das Dilemma, Schrift und Tradition in ihrem Verhältnis zueinander positiv zu bestimmen, kehrte analog auch im Dilemma der Pastoralkonstitution *Gaudium et spes* wieder: als das „Dilemma der Kirche in unserer Zeit“. Das viel zitierte und zu vielem verwendete Wort vom „aggiornamento“ schließt die schwierige Frage ein: Gehört eine Kirche, die „sich auf das Zeugnis der Schrift bezieht, notwendig der Vergangenheit zu, oder kann sie, ohne sich selbst untreu zu werden, Kirche der Gegenwart sein?“[31] Etwas Vergangenes lässt sich wohl kaum „aktualisieren“, wenn es eben nur „vergangen“ wäre und nicht doch auf eine besondere Weise gegenwärtig ist. Wenn also die „Kirche in der Welt von heute“, wie eine gängige Formel sagt, nur ein vergangener Fremdkörper wäre, könnte sie sich nicht wirklich zu dieser Welt hin öffnen und an ihr in einem offenen Dialog teilhaben. Das Konzil wollte aber eben diesen offenen, d. h. auch im Blick auf seine Adressaten unbegrenzten Dialog aufnehmen.

---

27 *Kommentar zu Dei verbum 1967*, 571 (Kap. 6).
28 Ebd. 575.
29 575/576.
30 578/579.
31 *Kommentar zu Gaudium et spes 1968*, 314.

> Damit wird die notwendige Verbindung von Heiligkeit und Aggiornamento sichtbar: als Eingehen auf den Kairos muß es zugleich Dia-krisis seiner Geister aus dem Stehen im einen Herrn sein. In diesem zweifachen Sinn ist es freilich kirchliche Aufgabe, notwendige pneumatologische Ergänzung zum christologischen Gehorsam.[32]

Die Zeit als „kairos“, als die von Gott gegebene Möglichkeit, muss zeitkritisch erkannt und genutzt werden. Ratzinger greift darum den Begriff einer „Unterscheidung der Geister“ auf, den Ignatius von Loyola in seinen „Geistlichen Übungen“ geprägt hatte. Das kairologische Aggiornamento geht vom „Menschen guten Willens“ aus und unterstellt ihm die nötige Gesprächsbereitschaft. Aber inwiefern ist das Gegenüber, der „heutige“ Mensch, von der Kirche unterschieden? Inwiefern bleibt die Kirche, die ja selbst an dieser Zeit teilnimmt und nicht „jenseits“ oder abseits steht, sie selbst? Die Benennung der Gesprächspartner für den angezielten Dialog „bleibt ganz unbefriedigend“, wie Ratzinger anmerkt. „Der Mensch“ als Adressat der Pastoralkonstitution steht zwar der Kirche gegenüber, aber die Kirche will auch an seiner Zeit teilnehmen: ein extrinsezistisches Dilemma, falls es keinen gemeinsamen Punkt gibt, an dem beide anknüpfen können.[33] Die „Anthropozentrik, von der die ganze theologische Konzeption des Textes bestimmt ist“[34], gehe in problematischer Weise aus von „der Idee der Gottesebenbildlichkeit“. Deren schöpfungstheologischer Sinn sei aber „nur in Eschatologie verstehbar, das Alpha erst vom Omega her erfaßbar“[35]. Auch wenn Ratzingers Terminologie Anleihen bei Teilhard de Chardin[36] zu machen scheint, meint er auch hier die Christusmitte der Geschichte, die der hl. Bonaventura eschatologisch verstand. Eine solche Eschatologie müsste den Menschen auf Christus hin offen sehen. Sie müsste aber auch seine leibhafte Teilhabe an der Welt so konzipieren, dass sie ein weiteres Dilemma des Extrinsezismus überwindet: den Dualismus von Leib und Seele. Ratzinger verweist auf Augustinus und seine „Unterscheidung von homo interior und exterior, die gegenüber dem [thomanischen] Corpus-Anima-Schema mehr das Element der Existenzentscheidung und Existenzrichtung mit ins Spiel bringt“[37]. Der

---

32 Ebd.

33 316. Weiter: „Das Unverständnis der Redaktoren des Textes für diesen Sachverhalt kann man wohl nur aus der langjährigen Gewöhnung an die Ausklammerung der Kirche aus der allgemeinen Entwicklung wie aus dem Rückzug in eine kleinkirchliche Sonderwelt verstehen, von der aus man nun zur übrigen Welt zu sprechen versucht.“

34 315.

35 318; vgl. 350.

36 Vgl. ausdrücklich ebd. 335.

37 323/324. Zum Personbegriff vgl. den Kommentar zur Art. 15, 325-328.

Konzilstext scheine allerdings den Begriff der menschlichen Freiheit auf eine bloße Wahlfreiheit einzuengen.[38] Vor allem die Bestimmung der Freiheit durch den Tod, und zwar nicht nur anthropozentrisch und existentiell für den Menschen im allgemeinen, sondern durch die Inkarnation und durch das Kreuz Christi wäre zu verdeutlichen. Es geht um „Schöpfung und Ostern als die beiden Brennpunkte der theologischen Ellipse“[39]. Damit zeichneten sich bereits die Fragen ab, denen sich später Ratzingers einziger geschlossener dogmatischer Entwurf, die „Eschatologie“ von 1977, systematisch stellte.

Inwiefern kann die „Welt“ – ein von Johannes her negativ konnotierter Begriff – zum Gesprächspartner der Kirche werden und überhaupt die Botschaft hören, die ihr zugesagt sein soll, insbesondere wenn auch die „Atheisten“ ausdrücklich angesprochen werden? Auch hier vertritt Ratzinger zunächst sein Konzept einer schwachen Vernunft: „Die Nichtbeweisbarkeit des Atheismus kann wirklich behauptet werden, jedenfalls viel eher als die ‚Beweisbarkeit Gottes‘. Und zugleich hätte man von da aus aufdecken können, daß die Gottesfrage positiv und negativ außerhalb des demonstrativen Denkens steht“, zumal es hier mehr um Entscheidung als um die Wissenschaftlichkeit oder Vernünftigkeit des Atheismus gehe.[40] Vor allem aber reiche es nicht, Atheisten schlicht zu einem besserem Verstehen der Botschaft einzuladen, weil es in aller Offenbarung doch um die Offenbarung eines *verborgenen* Gottes gehe. Es reiche eben darum nicht, an Erfahrung (*experientia*) und vernünftige Einsicht (*ratio*) zu appellieren. Umgekehrt dürfe mangelnde Einsicht nicht mit Böswilligkeit gleichgesetzt werden. Ratzingers Fazit orientiert sich an Augustinus und dämpft den anthropozentrischen Optimismus der Pastoralkonstitution nachdrücklich:

> Insgesamt hat unser Text in dieser Sache das vom Vaticanum I gestellte Problem nicht positiv weitergeführt: Dazu reicht die bloße Hinzufügung der experientia zur ratio nicht aus. Die neue denkerische Situation ist ebensowenig berücksichtigt wie die intensive theologische Diskussion zu dieser Frage, die vor allem seit Karl Barths Einspruch gegen die analogia entis stattgefunden hat. Das Konzil hat den Sachverhalt der theologia negativa übergangen, es hat auch Augustins gegenüber Thomas ungleich tiefere Erkenntnislehre nicht berücksichtigt, die darum weiß, daß das Organ, mit dem Gott gesehen werden kann, nicht die geschichtslose „ratio naturalis“ sein kann, die es gar nicht gibt, sondern allein die ratio pura, i. e. purificata, oder, wie Augustin es im Anschluß an das Evangelium ausdrückt: das cor purum („Selig die reinen Herzens sind, denn sie werden Gott schauen“). Augustin weiß darum, daß die nötige purificatio des

[38] Vgl. 332.
[39] 335; vgl. 351.
[40] 345.

> Blicks durch den Glauben (Apg 15,9) und durch die Liebe geschieht, jedenfalls nicht allein durch die Eigenmacht des Menschen. Indem man diese Ansätze überging, ist auch die Möglichkeit versäumt worden, eine positive Aufgabe des Atheismus für den Glauben sichtbar zu machen: daß er einer allzu affirmativen Theologie gegenüber den Part der negativen Theologie übernehmen muß und so auch zur Reinigung des Glaubens und des Gottesbildes beitragen kann.[41]

Dies ist also Ratzingers ernüchternder Befund: Der Optimismus der Konstitution, ergänzt durch die Kategorien der Erfahrung und Einsicht, schreibe das rationalistische Konzept des I. Vatikanum weitgehend fort. Er wende sich der „Welt“ mit einer übergeschichtlichen Selbstgewissheit zu, die eher befremden könne. Hinter dem offenherzig angebotenen Dialog scheine noch immer die thomistische Schultheologie durch. Insofern ist die Wende des Konzils in diesem Punkt zwar durchaus ein Angebot an alle Menschen; sie verlässt aber kaum die Position einer wenig angefochtenen oder auch nur anfechtbaren Erkenntnissicherheit. Eben dieser schultheologische und auch kirchenpolitische „Schlaf der Sicherheit“ konnte dazu verleiten, die Voraussetzungen und Chancen des bald enthusiastisch aufgenommenen, aber nicht selten einseitigen Dialogs zu hoch einzuschätzen. Die sprichwörtliche Ernüchterung nach dem Konzil mag weniger den kurialen oder päpstlichen Einsprüchen zuzuschreiben sein als viel mehr einer optimistischen Fehleinschätzung, die in einem gewissen Rationalismus gründet. Wenn die Welt schon „guten Willens“ und ohnehin in natürlicher Vernunft erkennen kann, wovon die kirchliche Botschaft spricht – wozu braucht sie dann aber noch diese Botschaft selbst? Die Botschaft der Kirche könnte wohl nur die Welt darauf verweisen, was sie eigentlich „immer schon“ glaubt und einsehen kann. Als Botschaft wäre sie dann letztlich überflüssig. So blieb am Ende ein gewisses Paradox stehen. Je rationaler die Kirche sich ihrer Botschaft gewiss zu sein scheint und sich in dieser Sicherheit der Welt zuwendet, desto mehr geht verliert sie ihre Identität und wird selbst zur Welt.

Gegen diesen Optimismus spricht nicht nur eine negative Theologie, die mit der bleibenden Verborgenheit Gottes rechnet, sondern vor allem das *mysterium paschale*, das Tod und Auferstehung umfassende sakramentale Geheimnis Jesu Christi. In diesem Geheimnis gründet die Möglichkeit eines universalen Heils. Dabei bleibt diese „Heilsmöglichkeit nicht an die explizite Anerkennung Gottes gebunden“[42]. Menschen können Gott finden, ohne seinen Namen zu kennen. Insofern sieht Ratzinger im Schlusswort der Pastoralkonstitution „einen Fortschritt

[41] 347.
[42] 351.

gegenüber der Kirchenkonstitution“. Mehr als „die Aktivität des Menschen“ werden hier nun deutlich genug das „Suchen nach Gott und das Bemühen um ein im Werk sich ausdrückendes Leben vom Gewissen her [...] als zentrale Faktoren des Heils außerhalb der Kirche genannt.[43] An Stelle der „leicht an Pelagianismus grenzenden Formel“ vom guten Willen wird hier endlich das Ostergeheimnis betont.

> Damit hat das Konzil sozusagen im letzten Augenblick eine relecture seiner eigenen Aussagen gegeben und die höchst unbefriedigenden Formulierungen von De Ecclesia 16 durch bessere überholt. Wenn man über die Meinung des Vaticanum II zur Frage nach dem Heil der Vielen handelt, sollte man in Zukunft mehr von diesem Text aus „Gaudium et spes“ ausgehen als von der Kirchenkonstitution, deren wenig glücklicher Anlauf hier um ein gutes Stück verbessert worden ist.[44]

Dieses Fazit ist drastisch. Die Defizite eines Konzilstextes, der gerade in seiner Weltzuwendung noch immer extrinsezistisch denkt, deuten sich in den vielen dilemmatischen Formeln an, von denen er sich noch nicht wirklich frei machen kann: Schrift und Überlieferung, Leib und Seele, Kirche und Welt, Glaube und Vernunft usw. Das „et“ verbindet zwar jeweils, aber doch auf eine etwas rationalistische und erkenntnisgewisse Art. In welchem Verhältnis die jeweils verbundenen Glieder zueinander stehen, wird nicht immer klar. Die paradoxe Kontinuität zu bestimmten Positionen des I. Vatikanum lässt sich nicht übersehen. Insofern gingen dem kritischen Kommentator manche Revisionen nicht weit genug, weil sie nicht grundsätzlich genug ansetzten.

So stand am Ende ein insgesamt befriedigender Ausgleich der verschiedenen Positionen, die von den Väter und ihren Beratern vertreten wurden. Aber eben dieses ausgleichende Ergebnis erlaubte verschiedene Lektüren. Was Ratzinger zu Art. 21 von *Gaudium et spes* anmerkt, dürfte auch an mancher anderen Stelle gelten: „So verschieden tönt ein Text, je nach dem Standort, von dem aus er gehört wird!“[45]

In der Folge konnten es sich die verschiedenen Rezeptionen des Konzils relativ leicht machen. Es genügte, je nach Standort eine einheitliche Tendenz zu postulieren, die zwar einem bestimmten Anliegen im Text entgegen kommen mag, aber nicht dem in mühsamer Arbeit um Ausgleich bemühten Gesamttext entspricht. So konnte das, was einerseits als Bestätigung gewohnter Positionen zu lesen war, andererseits auch als das völlige Gegenteil gedeutet werden: hier die Fortschreibung von Formulierungen, die sich auf das I. Vatikanum beriefen, dort der Begriff einer Kirche, die in einer weltlichen Welt selbst aufgehen sollte.

---

[43] 352/353.

[44] 353/354.

[45] 345.

> So begannen allmählich die Parolen vom Heimholen und vom Taufen fragwürdig zu werden; die Idee der weltlichen Welt wurde modern, d. h. der Gedanke, daß der christliche Auftrag gar nicht die Verchristlichung der Welt sei, sondern vielmehr die Freisetzung der Welt in ihre Weltlichkeit hinein [...]. Wenn es sich bei Johannes ganz um einen Optimismus aus dem Glauben heraus handelt, so ist doch klar, daß die Verwechslung mit dem Fortschrittsoptimismus der Zeit nahelag und daß auch hier klärende Auseinandersetzung unentbehrlich war. Auf dem Konzil ist diese Auseinandersetzung freilich nicht bis zur eigentlichen Tiefe der Fragestellungen vorangetrieben worden, hauptsächlich, weil die theologischen Gegensätze, um die es hier geht, fast vollständig überdeckt waren durch den theologisch vordergründigen, aber praktisch höchst wirksamen Gegensatz zwischen kurialer Tradition und moderner Theologie, der die inneren Fragen und Fraglichkeiten der letzteren selbst kaum zum Zuge kommen ließ.[46]

Das ausführliche Zitat entstammt Ratzingers Vortrag auf dem Bamberger Katholikentag 1966 – ein Text, der manchen als symptomatisch für seine Wende vom avantgardistischen Konzilsperitus zum konservativen Verteidiger überholter („vorkonziliarer“) Positionen gilt. Selbst Kardinal Döpfner sprach von den „konservativen Streifen“ dieser Rede.[47] Ratzinger, schon während des Konzils ernüchtert, konnte allerdings noch kaum ahnen, welche nachkonziliaren Diskussionen zu führen waren. Die Legende von der so genannten Wende Ratzingers, vor allem in ihrer deutschen Lesart, setzt hier an. Sie müsste allerdings glaubhaft machen, dass seine Konzilskommentare *nicht* in einer ungebrochenen Entwicklungslinie stehen, die von seinen theologischen Positionen der 50er Jahre zu seinen späteren Entwürfen führt. Das dürfte recht schwierig sein.[48]

Schon 1965, zum Abschluss des Konzil und im Vorjahr des Bamberger Katholikentages, hatte Ratzinger gefragt, was angesichts der erwarteten Erneuerung „das eigentlich Christliche“ sei.[49] Die Frage nach dem

---

[46] *Der Katholizismus nach dem Konzil* (1966), in: *Das neue Volk Gottes 1972*, 129-151, hier 144/145.

[47] *Aus meinem Leben 1998*, 136.

[48] Francis Schüssler Fiorenza, eine kritische Schülerin Ratzingers, wendet sich gegen die Wende-Legende und betont die Kontinuität seines Denkens (*From Theologian to Pope: A Personal View Back, Past the Public Protrayals*, Harvard Divinity Bulletin 33 [2005] 52-66), ebenso Joseph A. Komonchak sein konsequent von Bonaventura her ausgebautes theologisches Konzept (*The Church in Crisis: Pope Benedict's Theological Vision, Commonweal*, 3 June 2005, 11-14). Vgl. die Einleitung in der neuen Ratzinger-Monographie der australischen Theologin Tracey Rowland, die einen erfrischenden Kontrast zum deutschsprachigen Diskurs bietet (*Rowland, Ratzinger's Faith 2008*, 1-16, 30-47 [zu *Gaudium et spes*] und 48-65 [zur Frage nach der Offenbarung).

[49] *Was heißt Erneuerung der Kirche?* (Vortrag vor der Katholischen Studentengemeinde Münster am 18. Juni 1965), in: *Das neue Volk Gottes 1972*, 91-106, hier 95.

„Christ sein“ stand nun greifbar im Raum.[50] Hans Küng griff sie publikumswirksam auf (1974), Ratzinger beantwortete sie zuvor mit seiner „Einführung in das Christentum“ (1968), Rahner bearbeitete sie in seinem spekulativen „Grundkurs“ zur „Einführung in den Begriff des Christentums“ (1976). Denn das

> Konzil markiert den Übergang aus einer Situationen, in der ein Maximum an Verchristlichung erreicht schien, das zu bewahren und festzuhalten man als die wichtigste Aufgabe ansah, auf eine Situation hin, in der man erneut eine radikale Minderheitssituation des Christen anerkennen muß, die nicht Konservierung, sondern missionarische Existenz verlangt.[51]

Also weiterziehen mit leichtem Gepäck und den „Strukturwandel der Kirche“ (Karl Rahner) realisieren? Denn die von Hans Urs von Balthasar zuvor verlangte „Schleifung der Bastionen“ (1952) war nun längst obsolet, weil sie ihre Funktion verloren hatten. Die alten Befestigungsanlagen dienten den einen als dogmatische Deckung der „Kirche“ vor der „Welt“, den anderen als konziliare Dauerbaustelle der „Kirche“ in der „Welt“.[52] Wo aber war das Christentum? Wie war hinzufinden?

Als Lehrer und Mystagoge in Tübingen: „Einführung in das Christentum“

1966 nahm Ratzinger den Ruf der Universität Tübingen auf den neu errichteten zweiten Lehrstuhl für Dogmatik an. Nachdem er 1959 den Ruf auf den Tübinger Lehrstuhl für Fundamentaltheologie abgelehnt hatte, zog es ihn nun nach Süden zurück.[53] Wie Küng sich für den neuen Kollegen eingesetzt hatte, so empfahl auch Ratzinger einen Schüler Karl Rahners für seine Nachfolge in Münster, obwohl ihm dessen Tendenz zu einer erneuerten Politischen Theologie Unbehagen machte: Johann Baptist Metz.[54] Tübingen zeigte sich konfliktfreudiger als Münster; der Eindruck, dass trotz aller nachkonziliaren Kontroversen „der

---

50 Vgl. ausführlich *Verweyen, Ratzinger-Benedikt 2007*, 44-49.

51 *Weltoffene Kirche? Überlegungen zur Struktur des Zweiten Vatikanischen Konzils*, in: *Das neue Volk Gottes 1972*, 107-128, hier 127.

52 Ratzinger beschreibt in seinen Erinnerungen den „Eindruck, daß eigentlich nichts fest sei in der Kirche, daß alles zur Revision stehe. Immer mehr erschien das Konzil wie ein großes Kirchenparlament, das alles ändern und alles auf seine Weise neu gestalten könne. [...] Wenn die Bischöfe in Rom die Kirche, ja, den Glauben ändern können (so schien es ja), warum eigentlich nur die Bischöfe? Man kann ihn jedenfalls ändern, so schien es nun gegenüber allem bisher Gedachten [...]“ (*Aus meinem Leben 1998*, 134/135).

53 Vgl. ebd. 137.

54 Vgl. 138.

grundlegende Konsens katholischer Theologen davon unberührt bleiben würde“[55], schien zu trügen. In Tübingen stellte sich Ratzinger noch ausführlicher der dort dominierenden Theologie Rudolf Bultmanns, dessen Hermeneutik allerdings schon in den Konzilskommentaren Ratzingers problematisiert wurde. Gleichzeitig trat Jürgen Moltmann in Tübingen seine Arbeit an und nahm, ähnlich wie Metz in Münster, Anregungen aus der allgegenwärtigen Hoffnungsphilosophie von Ernst Bloch auf. Mit den Horizonten der populären Philosophie verschoben sich weiträumig auch die Orientierungen der Theologie. Während für Bultmann und in anderer Weise auch für Rahner der Existentialismus Heideggers – und zwar vor seiner so genannten „Kehre“ – als philosophisch orientierender Gesprächspartner galt, übernahm Bloch nun zunehmend diese Rolle. Immer scheint die systematische denkende Theologie nach einer passenden Erstphilosophie zu suchen, seit der hl. Thomas sich für Aristoteles als „den Philosophen“ schlechthin entschied. Ein diskursoffener Neomarxismus bot sich an; mit der Person und dem deutsch-deutschen sowie jüdisch geprägten Lebensweg Ernst Blochs schien er auch die politisch-ideologischen Grenzen Europas zu überspielen. Die Vorteile waren klar: Die Theologie der westdeutschen Fakultäten nahm nicht nur am öffentlichen Diskurs teil, wenn sie sich an Bloch orientierte. Sie konnte auch die kryptotheologischen Anliegen des Marxismus, wie ihn Bloch neu zu formulieren suchte, als ihr eigenes und ursprünglich theologisches Thema entdecken. Dieses Geschäft hätte sich mit dem Anspruch der Frankfurter Schule, wie er von Max Horkheimer und Theodor W. Adorno erhoben wurde, vielleicht schwieriger und wohl spannender gestaltet, ganz zu schweigen von dem damals theologisch noch nicht entdeckten Walter Benjamin.

Ratzinger setzte sich in seiner Christologie-Vorlesung im Wintersemester 1966/67 vor allem mit Bultmann als dem Tübinger *genius loci* auseinander. Sein Vorlesungsprojekt von 1967 hingegen schien dem weltanschaulichen Paradigmenwechsel, der sich sehr bald als ein vorweggenommener gesellschaftlicher und politischer Paradigmenwechsel zeigen sollte, eher auszuweichen. Doch der Schein trügt.

> Da 1967 Hans Küng die dogmatische Hauptvorlesung hielt, war ich frei, ein seit zehn Jahren im stillen gehegtes Projekt endlich zu verwirklichen. Ich wagte mich an eine Vorlesung für Hörer aller Fakultäten, die ich unter den Titel „Einführung in das Christentum“ stellte.[56]

Auf den ersten Blick schien Ratzinger hier die Zeitgenossenschaft zu verweigern; tatsächlich entfaltete er nur die Konsequenz der systema-

[55] Vgl. 137.
[56] 151.

tischen Zugänge, die sich über Augustinus und Bonaventura zur Tradition des Christentums und ihrer theologischen Reflexion eröffnet hatten. Die Frage nach dem Christentum ist die Frage nach der Kirche und der Weise, wie sie die Gestalt der Tradition ist – Tradition verstanden als *paradosis*, als Weitergabe des im kirchlichen Bekenntnis geformten Glaubens. Diese Tradition bildet die Vorgabe der Theologie, ihr *depositum* und ihreErsttheologie. Sie umfasst die Schrift, die in ihrer Sonderstellung den Glauben der Kirche normiert, die aber als Schrift der Kirche gelesen, nämlich liturgisch gefeiert und lehramtlich ausgelegt wird. Insofern lassen sich Schrift und Tradition, Liturgie und Lehramt unterscheiden, aber in ihrer einen Traditionsgestalt nicht voneinander trennen. Eine solche Theologie ist, wie sich gezeigt hat und noch zeigen wird, keineswegs philosophisch abstinent. Aber sie kennt keine ungeschichtliche Vernunft; sie identifiziert die Vernunft auch nicht mit einer ihrer möglichen historischen Gestalten. Nicht „die Philosophie“ gibt es, wohl aber Philosophen. Ratzingers Traditionsdenken bleibt skeptisch gegenüber der Idee einer *reinen* Vernunft (*ratio pura*), auch wenn sie in Gestalt der deutschen Spätaufklärung auftritt. Er beharrt auf Augustins Forderung einer *ratio purificata*, einer durch den Glauben und die Geschichte *gereinigten* Vernunft. Die „Einführung in das Christentum“ verzichtete auf das von Adorno entliehene, aber nicht unbedingt in seinem Sinne gebrauchte Zauberwort „kritisch“, das die Sprache ab 1968 beherrschte. Das Konzept ließe sich eher als „metakritisch“ beschreiben etwa in dem Sinne, wie Johann Georg Hamann Kants Konzept einer „purifizierten Vernunft“ revidiert. Eine solche Metakritik hegt eine vernünftige Skepsis gegenüber jeder und geschichtslos reinen Vernunft, die die Grenzen und die Kontingenz des eigenen Denkens verkennt. Hinter dieser Skepsis steht aber auch das scholastische Bonmot, das Ratzinger gern zitiert: Die Logik habe eine wächserne Nase, die je nach der gewünschten Richtung gedreht werden könne.

Ratzinger denkt also nicht aufklärungsfeindlich, sondern aufklärungsskeptisch. Er stellt sich der Dialektik der Aufklärung. Wenn es Ratzinger an aufklärerischem Vernunftoptimismus mangelt, so setzt er doch sein Vertrauen darauf, dass der Glaube seine eigene Vernunft entfalten kann und im Christentum immer schon philosophierend entfaltet hat. Seine Zeitdiagnose erreicht in den „Erinnerungen“ eine seltene Schärfe:

> Die Aufnahme des Existentialismus in die Theologie, wie Bultmann sie vollzogen hatte, war für die Theologie nicht ungefährlich gewesen. Ich hatte [...] in meiner Christologie gegen die existentialistische Reduktion anzukämpfen versucht und da und dort – besonders in der Gotteslehre, die ich alsbald vorzutragen hatte – sogar Gegengewichte vom marxistischen

> Denken her gesetzt, das ja von seiner Wurzel her durchaus auch biblische Motive verwahrt. Aber die Zerstörung der Theologie, die nun durch ihre Politisierung im Sinn des marxistischen Messianismus vor sich ging, war ungleich radikaler, gerade weil sie auf der biblischen Hoffnung basierte und sie nun dadurch verkehrte, daß die religiöse Inbrunst beibehalten, aber Gott ausgeschaltet und durch das politische Handeln des Menschen ersetzt wurde. [...] Das alles ist an sich aufregend genug, aber zur unerbittlichen Herausforderung an den Theologen wird es dann, wenn die Ideologie namens des Glaubens vorgetragen und die Kirche als ihr Instrument benützt wird. [...] das alles konnte und durfte man nicht verniedlichen oder wie irgendeine akademische Auseinandersetzung ansehen.[57]

Als Dekan der Katholisch-Theologischen Fakultät, als Mitglied des Großen und Kleinen Senats sowie der Grundordnungsversammlung konnte und wollte sich Ratzinger der hochschulpolitischen Auseinandersetzung nicht entziehen. Allerdings findet er kein Worte, um die außerakademischen politischen Umbrüche zu verstehen und zu würdigen, ohne die es wohl kaum zu einem akademischen Paradigmenwechsel gekommen wäre.

Die „Einführung“ steht in gewisser Tradition zu den fakultätsübergreifenden Veranstaltungen Romano Guardinis in München (und seines Nachfolgers Rahner). Sie knüpft aber auch an die Tübinger Tradition Karl Adams und seine Vorlesung über das „Wesen des Katholizismus“ (1924) an, die Ratzingers erstes Vorwort zur Buchausgabe 1968 ausdrücklich erwähnt, sowie an Michael Schmaus’ Vorlesung und Buch „Vom Wesen des Christentums“ (1947).[58] Es ist schwer, den Anklang an Adolf von Harnacks „Wesen des Christentums“ (1900) und an Leo Baecks unmittelbare Antwort darauf im „Wesen des Judentums“ (1905) zu überhören. Was wesentlich christlich, was das Proprium des Christlichen jenseits aller Paradigmenwechsel ist, steht zur Frage. Es überrascht nicht, dass sich der Kommentator von *Gaudium et spes* mit seinem Anliegen, die kirchliche Antwort zu formulieren, dabei an die Hörer aller Fakultäten wendete. Als Fundamentaltheologe folgte er damit dem (nicht eigens zitierten) Stammbuchvers seines Faches: „Seid stets bereit, jedem Rede und Antwort zu stehen, der nach der Hoffnung fragt, die euch erfüllt; aber antwortet bescheiden und ehrfürchtig“ (1 Petr 3,15b-16a).[59] Nicht um „Erstphilosophie“ geht es, sondern um Rechenschaft vom Glauben gegenüber Glaubenden und

---

[57] 139/150.

[58] *Einführung 1968*, 10.

[59] Die Ansprache zum Weihnachtsempfang 2005 griff diese Stelle auf und deutete sie Blick auf die Forderung nach „Enthellenisierung“: Genau hier, in der Apologetik, trete „der biblische Geist mit der griechischen Kultur ins Gespräch“ (*Ansprache an das Kardinalskollegium 2006*, 20).

Nichtglaubenden. Entsprechend aufschlussreich erscheint eines der großen Bilder, von denen sich Ratzinger lenken lässt und mit denen er wiederum seine Hörer oder Leser lenkt. Er beginnt mit der Eröffnungsszene von Paul Claudels Drama „Der seidene Schuh“ (1925). Die Szene zeigt einen auf hoher See treibenden Jesuitenmissionar, gefesselt an die Planke, die aus dem Schiffbruch der Welt rettet. „Ans Kreuz geheftet – das Kreuz aber an nichts, treibend über dem Abgrund. Die Situation des Glaubenden von heute könnte man kaum eindringlicher und genauer beschreiben, als es hier geschieht.“[60] In diesem literarischen Zitat schwingt wohl noch eine Anspielung auf den Passionshymnus des Venantius Fortunatus „Pange lingua gloriosi“ mit, auch wenn Ratzinger nicht ausdrücklich darauf verweist.[61] Dieses glaubende Subjekt ist nicht das Subjekt oder „Ich“ einer Erstphilosophie, sondern das Subjekt in der Nachfolge Christi am Kreuz. Es gibt für Ratzingers Theologie nichts Erstes davor.

Wie tritt der Mensch ein in „jenes Ich der Credo-Formel“, wie wandelt er dieses schematische Ich um in das persönliche Ich von Fleisch und Blut?[62] Es geht um eine Option, die keiner natürlichen oder autonomen Vernunft von sich her erreichbar ist, um eine Position, die nur durch „Umkehr“ und „Bekehrung“, durch *metanoia* und ihre geschichtliche offenbarte Übervernunft zugänglich wird.[63] Ratzinger verwendet ganz „modern“ und zeitgenössisch die Metaphern von „Bruch und Sprung“[64], die er in seinen Kommentaren zum Konzil und dessen Rezeption ebenfalls benutzte. Ein unmittelbar historisch-kritischer Zugang, eine Art „Archäologismus“ der Vernunft oder Historie, führt da nicht weiter, auch nicht ein Versuch, Gott selbst zu „machen“ und innergeschichtlich zu realisieren. Hier zeichnen sich bereits wichtige Profillinien ab. Es gibt keinen ungeschichtlichen Rückweg zu hypothetischen Ursprüngen. Der vermutete und wissenschaftliche diskutierte Anfang als „initium“ (als zeitlicher Beginn) ist nicht der wahre Anfang und das „principium“, um das es der Theologie vor allem geht. Aber es gibt auch keine Utopie, die innergeschichtlich hergestellt werden könnte, und keinen „Gott“, der zum Erscheinen in der

60 *Einführung 1968*, 21.

61 So lautet die Zeile „Atque portum praeparare / nauta mundo naufrago“ übersetzt: „Du die Planke [da das Kreuzesholz angesprochen ist], die uns rettet, / aus dem Schiffbruch dieser Welt“ – eine verbreitete Version.

62 26.

63 28. Metanoia ist dabei der Begriff einer Umkehr, der keinen Raum für Vorbehalte lässt. Ratzinger versteht Metanoia nicht ethisch-partikulär, sondern universal christlich; eine halbierte Metanoia bricht nicht mit der Welt, sondern segmentiert das Christliche im Existentiellen wie im Theologischen (vgl. *Theologische Prinzipienlehre 1982*, 64).

64 *Einführung 1968*, 28.

Geschichte zu zwingen wäre. Der spätere Präfekt der Glaubenskongregation wird sich diesen beiden Versuchungen neuzeitlicher Vernunft, dem historistischen und dem technizistischen Denken, wiederholt entgegenstellen. Er wird Versuche abweisen, hinter Tradition und Geschichte einen hypothetischen Anfang zu hypostasieren, und er wird auch Projekte politischer Theologie auf ihre Versuchung befragen, die göttliche Vollendung innerhalb der Geschichte selbst herzustellen. Glaube heißt hier in verbaler, nicht substantivischer Formulierung: verstehen und fest-stehen in dem, was nicht vom Menschen her zugänglich ist. Als Definition und Formel klingt dies so: Glaube

> ist die nicht auf Wissen reduzierbare, dem Wissen inkommensurable Form des Standfassens des Menschen im Ganzen der Wirklichkeit, die Sinngebung, ohne die das Ganze des Menschen ortlos bliebe, die dem Rechnen und Handeln des Menschen vorausliegt und ohne die er letztlich auch nicht rechnen und handeln könnte, weil er es nur kann im Ort eines Sinnes, der ihn trägt.[65]

In Sprache und Sache klingt Ratzingers Herantasten an den Glauben also wesentlich anders als die „Kurzformeln“, die Karl Rahner gleichzeitig vorlegte. Vor allem die Metapher vom „Ort“, verborgen im Wort „ortlos“ und merkwürdig weiterbestimmt als „Ort eines Sinnes, der ihn [den Menschen] trägt“, lässt den Fundamentaltheologen aufhorchen. Ort deutet auf abgegrenzte Räumlichkeiten, heilige Orte und Räume, und in der Tat ist es der Raum des kirchlichen Glaubens, die Kirche selbst, die dem Glauben seine geschichtliche und konkrete Gestalt verleiht. Ort deutet aber auch auf die Topik (Ortslehre) der Fundamentaltheologie und auf die seit Melchior Cano genauer bestimmten *loci theologici*. Die theologische Erkenntnis geht von bestimmten Orten aus und wird „ortlos“, wenn sie sie verlässt. Der Entdeckungszusammenhang, in dem sich die Sache des Glaubens zeigt, ist zugleich auch ihr Begründungszusammenhang, nämlich der Ort, an dem ein vernünftiges Verstehen erst möglich wird.

Ein weiteres, geradezu auffälliges Bild wäre herauszugreifen. Neben dem berühmten Märchen vom Hans im Glück, der alle erworbenen Werte abwirft, um leichter den Heimweg zu finden, fällt es besonders auf. Wenn Hans „im Glück“ nichts mehr hat, so steht der der Lügenbaron Münchhausen selbst im Nichts. Wozu dient das Bild bei Ratzinger? Er bestimmt Sinn als „nicht abkünftig von Wissen“. Damit weist er die cartesianische Egozentrik ab, die Begründung vom Subjekt her zu leisten. Alle Selbstvergewisserung des Subjekts mag dazu dienen, die Bedingungen der Möglichkeit von etwas zu bestimmen; aber sie führt nie zur Begegnung mit der Wirklichkeit des Anderen. Der Versuch des

[65] 46/47.

Subjekts, in sich selbst zu gründen und von dieser Selbstgründung her die Wirklichkeit zu erfassen, bleibt immer paradox und aporetisch, ob er sich nun an Descartes, an Kant oder andere transzendentale Strategien der Vergewisserung anschließt. Die gesuchte Evidenz kommt von anderswo her her und erschließt das Subjekt in seiner Bestimmtheit. Die Metapher für diesen „egologischen“ Versuch der Selbstgründung ist nun der Lügenbaron Münchhausen, weil er vorgibt, sich am eigenen Schopf aus dem Sumpf des Faktischen herauszuziehen und Sinn herzustellen.

> Ich glaube, daß in der Absurdität jener Geschichte die Grundsituation des Menschen sehr genau zum Vorschein kommt. Aus dem Sumpf der Ungewissheit, des Nicht-leben-Könnens zieht sich niemand selbst empor, ziehen wir uns auch nicht, wie Descartes noch meinen konnte, durch ein „Cogito ergo sum“, durch eine Kette von Vernunftschlüssen, heraus. Sinn, der selbst gemacht ist, ist im letzten kein Sinn. Sinn, das heißt der Boden, worauf unsere Existenz als ganze stehen und leben kann, kann nicht gemacht, sondern nur empfangen werden. Damit sind wir, von einer ganz allgemeinen Analyse der Grundhaltung Glaube ausgehend, unmittelbar bei der christlichen Weise des Glaubens angelangt. Christlich glauben bedeutet ja, sich anvertrauen dem Sinn, der mich und die Welt trägt; ihn als den festen Sinn nehmen, auf dem ich furchtlos stehen kann.[66]

Der tragende Boden, das Fundament, wird nicht definiert oder gemacht. Bodenständigkeit im Glauben ist also kein „Fundamentalismus“. Das Stehen des Glaubens und der Ort, der ihm dieses Stehen erlaubt, verweist als Metapher vor allem auf den Propheten Jesaja zurück.[67] Erkenntnis ist nicht ohne eine Position des erkennenden Subjekts zu haben, Glaube nicht ohne ein Stehen an dem Ort, der Glaubenserkenntnis ermöglicht. Ist es Zufall, Zeitgenossenschaft oder Anspielung, dass der deutsche Vertreter des Kritischen Rationalismus in der Schule Sir Karl Raymund Poppers, Hans Albert nämlich, in seinem „Traktat über kritische Vernunft“ (1968) eben diese Münchhausen-Metapher benutzt? Er baut sie aus zum „Münchhausen-Trilemma“, mit dem er jede deduktive Ableitung verwirft, die einen letzten Sinn begründen will. Dieses Trilemma hat drei Hörner: Jeder Versuch einer Letztbegründung führe entweder in eine *petitio principii*, die eben das voraussetzt, was sie begründen will, oder 2. in eine willkürliche Setzung oder 3. in einen irrationalen Begründungsabbruch. Eine so verstandene Letztbegründung scheitert in der Tat, denn Sinn kann nicht hergestellt oder abgeleitet, sondern nur aufgewiesen werden. Eben dies kann nicht wiederum sinnvoll bestritten werden: Wer solchen Sinn leugnet, setzt ihn wiederum voraus, weil er eine sinnvolle Aussage machen will. So beansprucht er

[66] 47.
[67] 51.

gerade das, was er bestreitet. Damit erweist sich, dass dieser Sinn universale Bedeutung hat. Die Vernunft kann immerhin zeigen, dass ein solcher Sinn unhintergehbar und notwendig ist.[68] Aber sie kann nicht wissen, woher er kommt und was er bedeutet.

Es ist interessant, dass auch der Rahnerschüler Johann Baptist Metz wenige Jahre später in seinem fundamentaltheologischen Ansatz „Glaube in Geschichte und Gesellschaft“ sehr ähnlich verfährt. Er verwendet das niederdeutsche Märchen von Hasen und Igel. Der Hase läuft atemlos der Wirklichkeit nach, während der Igel „immer schon“ da ist. Der wirkliche Mensch, so die Deutung bei Metz, erreicht sein Ziel aus eigenen Kräften kaum, während das transzendentale Subjekt die wirkliche Geschichte gar nicht erst braucht, um anzukommen. Aber der Sieg des transzendentalen Subjekts ist nur ein Trick, denn es läuft seinen Weg ebenso wenig wie der Igel des Märchens. Diese polemisch eingesetzte Metapher zielte deutlich auf Karl Rahner und eine seiner signalhaften Formulierungen, das „Immer-schon“ transzendentaler Argumentation.

Für Ratzinger ist Vernunft des Glaubens, die sich in der ausdrücklichen Begegnung mit Gott und seiner Offenbarung formt, durchaus nicht irrational. Sie bestimmt nicht („dezisionistisch“) den Ort, auf dem sie stehen kann. Sie erstarrt auch nicht unvermeidlich in einem „Fideismus“, in einem blinden Glauben, der die Offenbarung als heiligen Text versteht und jeder Kritik entzieht. Was wie „ein blindes Sichausliefern ins Irrationale hinein“ erscheinen mag, ist vielmehr ein „Zugehen auf den ‚Logos‘, auf die ‚Ratio‘, auf den Sinn und so auf die Wahrheit selbst, denn am Ende kann und darf der Grund, worauf der Mensch sich stellt, kein anderer als die sich eröffnende Wahrheit selbst sein“[69].

Wahrheit, die nicht einfach „funktioniert“, sondern „ist“, kann nur jenseits aller Machbarkeit erreicht werden. Eine „Technik“, die Wahrheit erzeugen will, erzielt immer nur Richtigkeit. Wahrheit lässt sich streng genommen nicht wissen, sondern nur verstehen. Sie ist kein Objekt, das sich aneignen und über das sich verfügen ließe. Wer versteht, begreift gerade, dass er von etwas Unverfügbaren umgriffen ist. Dieses Umgriffensein kann aber nicht nochmals seinerseits „begriffen“, hergeleitet oder „begründet“ werden. Der letzte Grund ist unverfügbar, denn er zeigt *sich*. Dieses Sich-Zeigen bedeutet, wörtlich verstanden, dasselbe wie der theologische Begriff der Selbstoffenbarung Got-

[68] Übrigens hat Albert immer wieder Philosophen und Theologen auf ihre Vernunftkonzepte befragt (Gerhard Ebeling 1973, Hans Küng 1978 und 2008 auch Joseph Ratzinger).

[69] 49.

tes. Was sich hier zeigt und wer sich hier offenbart, kann nicht seinerseits „begriffen“ werden, ist aber auch nicht sinnvoll zu leugnen. Die Vernunft, die ein solches Sich-Zeigen vernimmt, hat es mit Gott zu tun. Sie ist, so weit sie zu verstehen sucht, an dem Ziel angelangt, zu dem alle Sätze des Glaubens und ihre Reflexion in der Theologie hinführen: an dem Geheimnis, in dem der Mensch eigentlich heimisch ist und wieder heimisch werden kann.

Ratzingers *reductio in mysterium*, die Hinführung in das Geheimnis, ist kein irrationaler oder alogischer Versuch, für ein Gewebe von Glaubensaussagen einfach eine bestimmte Bedeutung zu postulieren. Vielmehr zeigt er als guter Zeitgenosse und Leser eines Hans-Georg Gadamer, dass Wahrheit sich im Verstehen erschließt. Darum kann und muss er sich als Exeget der Glaubenswahrheit dem Text des Credo zuwenden. In ihm legt er die kirchliche Gestalt derjenigen Wahrheit frei, der der christliche Glaube zustimmt. In dieser Zustimmung lernt er die Sache des Glaubens und sich selbst als glaubenden Menschen verstehen. In Bekenntnis und Dogma geht es um diese Wahrheit, der zugestimmt und die bezeugt wird. Die christliche Lehre bildet keine äußerliche Addition von Lehrsätzen; sie setzt sich nicht aus frei gewählten Fragmenten des Glaubens zusammen[70], sondern ist nur in der Einheit und Ganzheit des Credo oder „Symbolum“[71] zu verstehen. Darum ist es wesentlich, diese „Einheit des Symbolums“ auch aus der sichtbaren und hörbaren Einheit derer zu verstehen, die dieses Symbolum mit ihrem gemeinsamen Amen besiegeln, denn sie bilden so, bei aller Unvertretbarkeit des einzelnen, ein kollektives Subjekt des Glaubens: die Kirche. Der Theologe, der sein Geschäft so versteht, ist Hermeneut des kirchlichen Glaubens und betreibt die Exegese dieses Glaubens. Als Fundamentaltheologe klärt er, wie der Glaube vernünftig zu verstehen ist. Als Dogmatiker entfaltet er dessen Aussagen in ihrem geschichtlichen und systematischen Kontext. Immer aber geht es um Wahrheit, nämlich um das, was von Gott her gesagt und getan ist, und um die Bereitschaft, mit dieser verstehbaren, aber unverfügbaren Wahrheit zu kooperieren. So ließe sich in etwa zusammenfassen, was Ratzinger in seiner Einführung zur „Einführung“ unter dem bezeichnenden Titel „Ich glaube – Amen“ als Propädeutik entwickelt. Er kommentiert die drei Artikel des Credo an Gott den Vater, den Sohn und den Heiligen Geist in drei Hauptteilen. Dabei sind die leitenden Begriffe dieses Konzepts leicht wiederzuerkennen: Es geht um die Offenbarung, in der sich

[70] Eine solche „Auswahl“ und Neukonstruktion des Glaubens wäre „Häresie“ (griech. *hairesis*) im wörtlichen Sinne, die nur deswegen dem Glaube ähnlich sieht, weil sie dessen Teile benutzt und insofern ein Anliegen hat, das sie bei aller Fragmentierung mit dem Glauben teilt.

[71] Vgl. ebd. 66-69.

Gott selbst gibt, und um die Tradition, in der die Kirche diese Gabe bewahrt und weiterreicht. Die Themen seiner Konzilskommentare und auch der Antrittsvorlesung in Münster, ebenso des gemeinsam mit Rahner herausgegebenen Sammelbandes „Offenbarung und Überlieferung" (1965), kehren wieder und werden am Credo zusammenhängend durchgeführt.

Es lohnt sich, zum besseren Verständnis Ratzingers Begriff der Tradition nochmals zu vertiefen. Tradition resultiere notwendig „aus der wesentlichen Geschichtlichkeit des Glaubens, der den Einzelnen seinem Einzelsein entreißt und ihn einfügt in den von Christus her kommenden Geschichtszusammenhang" – so die Formulierung im entsprechenden Artikel des „Lexikon für Theologie und Kirche" (1966). Insofern habe Tradition ihrerseits immer auch ein „traditionskritisches Moment", um sich selbst zu wahren. Bereits die Unterscheidung von Altem und Neuem Testament geht über ein reines Schriftprinzip hinaus. Das Alte werde durch das Neue Testament bestimmt und christologisch ausgelegt; außerdem werde das Neue Testament selbst von der Kirche interpretiert, in der es entsteht. Die *successio apostolica*, die kirchlich-amtliche Nachfolge der Apostel, sichere die Tradition gegen die eigenmächtige Deutung der Gnosis und jeder anderen eigenmächtigen Inanspruchnahme. Dies gilt prinzipiell: „Die primäre Anwesenheitsgestalt des Wortes ist die personale Gegebenheit in der Gestalt des Zeugen". Aber sein Zeugnis wird nicht durch externe Regeln gedeutet, sondern durch den Kanon, den Maßstab der *regula fidei* (Glaubensregel als Bekenntnis). Dieses kirchliche Verständnis des Glaubens werde später „von der Idee des Symbolum abgelöst". Die Schrift ist also nicht irgendwie, sondern „nach der ‚fides', d. h. am Leitfaden des Glaubensbekenntnisses auszulegen". Die Beziehung zu Taufe und Katechumenat, ja zum liturgischen Leben der Kirche insgesamt bleibt eng. Insgesamt überschreitet die Tradition, wenn sie so verstanden wird, formal und auch material die Schrift; „die katholische Theologie sieht den hermeneutischen Schlüssel im Glauben der Kirche gegeben und kann von da aus immer nur ein relatives Gegenüberstehen der Schrift zur Kirche anerkennen".[72]

Das Leitwort ist also deutlich die *paradosis* im Sinne der Kirchenväter. Eine Idee der Schrift als normative und autonome Instanz konnte

---

[72] Alle Zitate aus dem *Tradition 1966*, Sp. 293-299 (Abkürzungen im Zitat aufgelöst). Zur Kontroverse zwischen Ratzinger und Walter Kasper, der ihm eine bezeichnende Vernachlässigung der Frage nach dem „historischen Jesus" vorwarf, vgl. *Verweyen, Ratzinger-Benedikt 2007*, 49-53. Diese Variante der Frage nach dem Verhältnis von Tradition und historisch-kritischer (Re-)Konstruktion wird wiederkehren, wenn das „Jesus von Nazareth"-Buch Benedikts zu besprechen ist (Kap. 7).

es in der frühen Kirche nicht geben. Sie dachte nicht „skripturalistisch“ oder archivarisch von einem heiligen Text her, sondern setzte bei der kirchliche Zeugenschaft für das Christus-Ereignis ein. Bevor von der Heiligen Schrift im heutigen Sinne gesprochen und überhaupt ein irgendwie geartetes „Schriftprinzip“ formuliert werden kann, gewinnt „das ‚Amt‘ als die Form der paradosis schon deutliche Gestalt“[73]. Erst ist also die Kirche da und in ihr das Amt, das gegen alle private „Gnosis“ (Erkenntnis) das glaubwürdige Zeugnis sichert und weitergibt. Die Schrift und ihr Text sind sekundär; sie können nur im Raum des amtlichen Zeugnisses der Kirche entstehen. Darum gehört die Weitergabe des kirchlichen Glaubens und seines Kanons hinein in die Weitergabe des Amts. Kurz: *traditio* ist ursprünglich *successio*, und beide umgreifen die spätere „Schrift“, deren Text nicht aus diesem Kontext herausgelöst werden kann.[74] Das (Lehr-)Amt, in seiner Einheit von Tradition und Sukzession, ist also das Prinzip, das die Einheit des Glaubens garantiert. Theologie muss als die prinzipielle Hermeneutik dieser Tradition verstanden werden, ob sie nun vom Lehramt getragen wird oder sich als universitäre Disziplin an diesem Lehramt orientiert. So legt sie die Schrift am Leitfaden des Glaubensbekenntnisses aus und betreibt Exegese vom Dogma der Kirche her. Genau dies ist das Programm von Ratzingers „Einführung“.

Exkurs: Ratzinger gegen Rahner – Tradition gegen Spekulation?

Ratzingers Hermeneutik des Christentums folgt dem Glaubensbekenntnis der Kirche. Seinem Begriff von Tradition entsprechend, verzichtet er darauf, eigene theologische Kurzformeln des Glaubens zu produzieren. Dieser Verzicht und die ihm zu Grunde liegende Bestimmung des theologischen Ortes gründen in der Sache und der Sprache des Glaubens. Ratzinger hat dies gegenüber den zahlreichen „Kurzformeln des Glaubens“, die nach dem Konzil formuliert wurden, deutlich gemacht:

> Der Unterschied zwischen der Sprachbindung der Symbole und der „Kurzformeln“ liegt darin, daß die Theorie der Kurzformeln zunächst der Kirche als solcher das Recht auf eine Sondersprache bestreitet und ihre Formulierungen an der säkularen Verstehbarkeit mißt (Werbeslogan!), sie also radikal auf die säkulare Sprache reduzieren will, gleichzeitig aber

[73] *Primat, Episkopat und Successio Apostolica 1961*, 23.

[74] Diese „Kernfrage im katholisch-reformatorischen Disput“ wird nochmals vertieft in *Die kirchliche Lehre vom sacramentum ordinis* (1976), in: *Theologische Prinzipienlehre 1982*, 251-281, bes. 251-263.

> unter dem Etikett des Pluralismus willkürliche Sprachgruppen unterstellt, von denen dann kein Weg nach außen und zu den anderen führt, weil ja der Pluralismus unüberbrückbar ist. Demgegenüber sieht das Symbol in der Kirche als ganzer [sic] ein eigenständiges Sprachsubjekt, das durch die gemeinsame Grunderfahrung des Glaubens zusammengehalten ist und damit auch ein gemeinsames Verstehen eröffnet. In dieser Hinsicht ist der Ephpheta-Ritus vielsagend: Er setzt den Menschen als taubstumm gegenüber der Rede von Gott, von Christus und vom Heiligen Geist voraus; er drückt zugleich den Glauben aus, daß diese Taubstummheit durch den Heiligen Geist überwunden werden kann und daß dieser Geist konkret wirkt in der Gemeinschaft der Kirche, so daß der Prozeß der Sprechbefähigung sich im Prozeß des Einlebens in die Kirche ergibt.[75]

Verbirgt dieser Wahrheitsanspruch aber nicht doch einen letzten Idealismus? Steht hinter dem fundamentaltheologischen Anspruch Ratzingers, Hermeneut der Wahrheit Gottes zu sein, nicht doch ein theologischer Versuch, sich des zwar nicht begriffenen, aber doch wenigstens in seinem Modell verstandenen Glaubensinhalts zu bemächtigen?

Eine erste Antwort könnte von der Geschichtstheologie Bonaventuras her argumentieren: Der Glaube wächst organisch in seiner Tradition. Er lässt sich nicht auf einen Begriff reduzieren, ganz gleich ob diese Reduktion historisch-kritische oder systematisch-theologische Wege beschreitet. Glaube ist eine lebendige kirchliche Größe. Darum zielt Ratzingers Theologie auf ein wachsendes Ganzes, das sie selbst nicht vollenden, aber auch nicht in die Teile zergliedern kann, die ihr mehr oder weniger lieb sind. Es muss also eine theologische Forschung und auch einen theologischen Fortschritt geben. Eine *theologia perennis* ist so unmöglich wie die Rückkehr zu einem paradigmatischen Thomismus. Auch das Fest- oder Fortschreiben dogmatischer Sätze, eine Art Positivismus des Lehramts, kann nicht genügen.

Wenn aber weiter nach dem „Ansatz" Joseph Ratzingers gefragt wird, so liegt er in dieser theologischen Explikation des Wahrheitsanspruchs, den das kirchliche *Symbolon* erhebt. Ein eigenes System folgt nicht aus diesem Ansatz. Der Aussagenzusammenhang des *Symbolon* selbst und seine Herkunft aus der Selbstoffenbarung Gottes ist „systemisch" genug. Eines eigenen theologischen Systems bedarf es also gerade nicht mehr. Ein Anspruch darauf oder auch nur auf eine akademische Originalität wiese sogar eher auf eine gefährdete Theologie hin. Gefährdet wäre sie zunächst deshalb, weil sie droht, die unableitbare Offenbarung zu rationalisieren. Sie wäre aber vor allem gefährdet, weil sie gerade hier leicht die entscheidende Grenze verwischen kann, die

---

[75] *Kurzformeln des Glaubens? Über das Verhältnis von Formel und Auslegung* (1973), in: *Theologische Prinzipienlehre 1982*, 127-139; vgl. auch die Rezension *Vom Verstehen des Glaubens 1978*.

zwischen der Kirche, dem kollektiven Subjekt des Glaubens, und dem theologischen Subjekt verläuft, das exakt diesen Glauben reflektiert. Eine Professorentheologie ist eben kein *Symbolon*, auch wenn sie manchmal mit vergleichbarem Pathos vorgetragen wird. Sie darf sich damit begnügen, dogmatisch auszulegen und fundamentaltheologisch die hermeneutischen Karten ihres Spiels aufzudecken. „Originell“ ist der Ursprung (*origo*) der Theologe, das Credo der Kirche, aber nicht zuerst die Theologie, die es auslegt. Ratzinger selbst verweist in diesem Zusammenhang auf Martin Luther, der in seinen Katechismen

> älteste katechetische Traditionen aufgenommen [hat], in denen er sich formal übrigens nicht von der katholischen Kirche unterschied. Ich verstehe offengestanden nicht recht, warum wir heute nicht mehr zu dieser Bescheidenheit fähig sind, sondern unbedingt schon die Schulbücher von raffinierten Systemkonstruktionen her aufbauen müssen, die so vergänglich sind wie ihre Autoren und im übrigen von den Lernenden in ihrem Zusammenhang meist gar nicht eingesehen werden.[76]

Ratzingers hermeneutischer Rückgriff auf die präzise definierte Tradition selbst und nicht auf den spekulativen „Begriff“ dessen, was diese enthält oder enthalten könnte, muss konsequent das Credo über die systematisch-theologischen Formeln stellen: Das *Symbolon* steht als Wirklichkeit über jeder Auslegung.

Diese Kritik der Kurzformeln ist leicht nachzuvollziehen: „Es fällt ja auf, daß ein Großteil der modernen ‚Kurzformeln‘ nicht (wie sie sich irrtümlich nennen) Kurzformeln des Glaubens, sondern Kurzformeln der Theologie sind.“[77] Anders gesagt: Der Verdacht drängt sich auf, hier werde der kirchliche Glaube durch eine Theologie und die Tradition durch Spekulation ersetzt. Auch wenn der Name Rahners an dieser Stelle nicht fällt, so gehörte er sicher zu den Adressaten dieser scharfen Kritik aus Tradition, die ja, wie erwähnt, für Ratzinger immer auch ein traditionskritisches Moment hat.

Auch an anderer Stelle, in der „Theologischen Prinzipienlehre“ von 1982, verbirgt sich seine Rahner-Kritik, die in ihrer Erstfassung bereits 1970, also noch vor seiner Rezension des „Grundkurses“ vorgetragen wurde, hinter einer grundsätzlichen Fragestellung. Unter dem Zwischentitel „Die Suche nach der Einheit von Geschichte und Wesen“ geht Ratzinger in der Sache auf die Frage ein, inwiefern die Geschichte über bloß zufällige Wahrheiten hinaus von philosophischem und theologischen Belang sein könne. Es ist die Frage der Aufklärung, insbesondere das Problem Lessings, der den „garstigen Graben“ zwischen geschichtlichen Fakten und geschichtslosen Wesensfragen aufriss.

---

[76] Ebd. 136.
[77] 135.

> Denn nun entsteht in besonderer Schärfe das Dilemma zwischen Allgemeinem und Besonderem, zwischen partikulärer Geschichte und universalem Anspruch. [...] Ich denke, dies ist die Form, wie sich die Frage der Heilsgeschichte heute der katholischen Theologie stellt, und hier würde der Beitrag sichtbar, den gerade die katholische Theologie in dieser Situation für das Denken überhaupt leisten könnte und sollte.[78]

Rahners Frühwerk „Hörer des Wortes" (1941) nennt er „den wirksamsten und wohl eindringlichsten Versuch", das gestellte Problem zu bewältigen. Er konstruiere den Menschen als Hörer des Wortes.

> Die Paradoxie des Wesens Mensch ist es, nur in der Ausgespanntheit auf das Partikuläre einer von außen kommenden Geschichte das Universale seines Selbst zu finden, so daß gleichsam a priori der Mensch als Empfänger von Offenbarungsgeschichte, als „Hörer des Worts" konstruiert und postuliert werden kann: Die Geschichte verliert ihren extrinsezistischen Anstrich, sie ist die notwendig-freie Antwort auf die freie Notwendigkeit des Wesens Mensch.[79]

In seinem zweiten Schritt jedoch meint Rahner, Offenbarungsgeschichte müsse auf die ganze Menschheit bezogen und in ihr anwesend sein. Weltgeschichte und Heilsgeschichte seien koexistent und koextensiv – eine eigenartige Identitätsformel, die unüberhörbar auf einen idealistischen Anspruch hindeutet.[80] Das spezifisch Christliche müsse aber eigens festgehalten werden, wenn Rahner mit seiner Gleichung nicht „Theologie in Geschichtsphilosophie auflösen" wolle. Für Rahner, der hier in den *Begriff*, nicht in die *Tradition* des Christentums einführt, sei das Christentum „der geglückteste Fall der notwendigen Selbstauslegung der transzendentalen Offenbarung"[81]. Erschöpft sich das Christentum also darin, ein bloßer Komparativ unter den kategorialen Fällen von „Religion" und nur ein „Höchstfall" unter anderen Fällen zu sein? Wenn aber auch die Menschwerdung Gottes nur ein Höchstfall menschlichen Wesensvollzugs sein sollte, drängt sich die nächste Frage auf: Rechnet Rahner hier nicht in einer anachronistischen (und zudem theologisch illegitimen) Wiederholung idealistischer Systementwürfe das Christentum dem „Bewusstsein" zu und nicht dem „Sein", der *Erkenntnis* und nicht dem geschichtlichen *Ereignis der Selbstoffenbarung*

---

78 *Heil und Geschichte* (1970), in: *Theologische Prinzipienlehre 1982*, 169.

79 Ebd. 170.

80 Rahners Identitätsformel für die Einheit von immanenter und ökonomischer Trinität arbeitet nicht anders. Wie jede Gleichung kann sie von verschiedenen Seiten her gelesen und für umkehrbar erklärt werden. Streitig bleibt jedoch, wie die Einheit der doch in Begriff und Sache verschiedenen Größen ihrerseits gedacht bzw. möglich sein könne.

81 *Grundkurs des Glaubens* (1976, 159), hier zitiert in: *Theologische Prinzipienlehre 1982*, 170.

Gottes? Die Positivität der Kirche und ihres Credo wäre dann kein echtes *Symbolon* und kein Bild mehr, sondern ein Anschauungsfall und eine Illustration für etwas, das auch anders in Erscheinung treten könnte und wahrscheinlich auch erschienen ist. Führt „Rahners Verschmelzung von Geschichte und Wesen im Begriff des ‚absoluten Heilsbringers' zu einer Spiritualität der Selbstannahme und der Identifikation von Menschsein überhaupt mit Christsein"? Eben dies ist Ratzingers Vorwurf. Ob und wie weit der Vorwurf Rahners Absicht trifft, sei hier nicht diskutiert; es wird sich aber kaum zeigen lassen, dass er seine Aussagen verfehlt. Rahner habe, so Ratzinger, „zu viel gewollt [...]. Er hat sozusagen nach der philosophischen und theologischen Weltformel gesucht"[82] – und als „Kurzformel des Glaubens" ausgesprochen, wie sich ergänzen ließe. Dieser Glaube bietet allerdings nach der kirchlichen Tradition gerade keine Weltformel, sondern eben das Bekenntnis zu dem Schöpfer und Erlöser dieser Welt.

Ratzinger sieht das Problem dieser ebenso steilen wie verfehlten Synthese darin, dass „Rahner weithin den Freiheitsbegriff der idealistischen Philosophie [habe] – einen Begriff von Freiheit, der in Wirklichkeit nur auf den absoluten Geist – auf Gott – aber nicht auf den Menschen paßt"[83]. Die biblische Offenbarung hingegen entwickle keinen transzendentallogischen Begriff von einem Subjekt her, das sich als Freiheit in diesem Sinne versteht, sondern spreche und denke in dialogischen oder personalen Kategorien. Darum könne es keine begriffliche Versöhnung von Wesen und Geschichte geben und vor allem keine Synthese im „System".

> Die Logik des Ganzen ist uns nicht deduzierbar. Eine der spirituellen Spannung des Christlichen gemäße Synthese muß daher eine offene Synthese sein, die auf eine abschließende, das Ganze umfassende Logik verzichtet. Das wird, rein denkerisch betrachtet, ihre Schwäche sein [...]. Die Schwäche der christlichen Synthese ist ihre Stärke. Der Kerngedanke einer christlichen Philosophie und Theologie der Geschichte müßte daher die Freiheit, die wirkliche Freiheit sein, die freilich das Nicht-Ableitbare einschließt und damit den perfekten Denkzusammenhang ausschließt. Die Person Jesu Christi als das Ereignis des Neuen und Unerwartbaren ist dann zentraler Ausdruck dieser Freiheit, die somit zur Zentralfigur der Geschichte überhaupt wird.[84]

---

82 177.

83 Ebd.

84 178/179. – Die Anmerkung verweist auf den Kontrahenten Rahners, der in seinem Buch *Cordula oder Der Ernstfall* (Einsiedeln 1966) vielleicht etwas weniger zurückhaltend in der Wahl seiner Mittel, aber auch etwas weniger präzise in der Argumentation dessen Ansatz angegriffen hatte: „Positiv steht mir vor allem das Gesamtwerk von H. U. von Balthasar als Ausdruck einer offenen Synthese vor Augen".

Ratzinger führt nicht in den *Begriff* des Christentums ein, sondern in dessen *Tradition*. Aus diesen Grund kann er weder theologische Kurz- noch Weltformeln akzeptieren, wenn es die Bekenntnisformel des Christentums als Credo gibt. Die Theologie, wie Ratzinger sie versteht, legt dieses Credo aus und verantwortet diese Auslegung hermeneutisch. Dieses Unternehmen ist durchaus rational und auch apologetisch, weil es den Glauben der Kirche von seinen Fehldeutungen unterscheidet und gegen sie verteidigt. Eine spätere Formulierung fasst dieses Anliegen prägnant zusammen und belegt nebenher auch seine Kontinuität in Ratzingers Denken. Sie soll darum diesen Exkurs beschließen:

> Dass die Rationalität der Welt sinnvoll nicht aus der Irrationalität erklärt werden kann, ist evident. Und so bleibt der Logos am Anfang aller Dinge nach wie vor die beste Hypothese, die freilich von uns verlangt, die Gebärde der Herrschaft aufzugeben und die des demütigen Vernehmens zu wagen.[85]

[85] *Auf Christus schauen 1989*, 34.

4
Eschatologie (1969-1977):
Dimensionen des Christentums

1969 folgte Ratzinger dem Ruf auf den zweiten Lehrstuhl für Dogmatik in Regensburg. Dort wirkte sein Bruder Georg seit 1964 als Domkapellmeister. Der Wechsel war also eine Rückkehr ins Bayerische und Heimatliche, bot aber doch etwas neues, da diese vierte Universität des Freistaates erst 1967 errichtet worden war. Zugleich begann mit seiner Berufung in die Internationale Päpstliche Theologenkommission eine gewissen Vorübung für sein späteres Arbeitsfeld. Die Kommission sollte „die neue Funktion fortführen, die den Theologen auf dem Konzil zugewachsen war, und dafür sorgen, daß die modernen theologischen Entwicklungen von Anfang an in die Entscheidungen der Bischöfe und des Heiligen Stuhls eingehen konnten". Andererseits war wohl auch die Absicht wichtig, „ein Gegengewicht zur Glaubenskongregation zu schaffen oder aber ihr auf diese Weise einen neuen und anders gearteten Brain-Trust zu verleihen". [1]

Auch die deutschsprachige theologische Landschaft blieb in Bewegung. Die auseinander driftenden Tendenzen führten dazu, ihre eigenen Periodica mit internationalem Anspruch zu gründen: „Concilium" 1965 um Yves Congar OP, Karl Rahner, Hans Küng, Edward Schillebeeckx OP und Johann Baptist Metz einerseits, „Communio" 1972 um Henri de Lubac, Hans Urs von Balthasar und Joseph Ratzinger andererseits. Bereits das dritte Themenheft von „Communio" widmete sich der Eschatologie mit einen Beitrag Ratzingers zur Theologie des Todes. 1977, im Erscheinungsjahr der Eschatologie, veröffentlichte er hier den vielsagend betitelten Aufsatz „Eschatologie und Utopie". Insgesamt legte er mehr als zwanzig einzelne Beiträge zum Thema vor.

Die nachkonziliare Situation war polarisiert. Es bestand ein gesteigerter Bedarf an systematischer Orientierung. Karl Rahner entwickelte eine immense Tätigkeit als Herausgeber insbesondere für die zweite Auflage des „Lexikons für Theologie und Kirche" sowie für das Handbuch „Sacramentum Mundi" und dessen verkleinerte Variante als „Theologisches Taschenlexikon". Diese Werke lösten den vorläufig letzten Versuch ab, mit der heilsgeschichtlichen Dogmatik „Mysterium Salutis" eine Art von theologischer Summe durch ein Autorenkollektiv zu produzieren (1965-1976). Aber auch das erste „Lexikon für Theologie und Kirche" (1930-1938) wollte nicht nur eine „Summa Theolo-

---

[1] *Aus meinem Leben 1998*, 155.

giae" bieten, sondern auch die durchaus divergierenden Tendenzen des Faches wenigstens lexikalisch bündeln. Die späteren Auflagen wollten ebenfalls eine Gesamtorientierung bieten und nicht nur die enzyklopädische Addition des aktuellen theologischen Wissens. Damit hatten die klassischen Dogmatiken eines Michael Schmaus oder Johannes Brinktrine ihren Ort im aktuellen Diskurs verloren. Das dogmatische Handbuch von Heinrich Ott bot als Einführung eher eine vorläufige Orientierung. Allein Leo Scheffczyk und Anton Ziegenaus legten noch jeweils eine umfassende Dogmatik vor. Hans Urs von Balthasar löste die Struktur der klassischen Traktate radikal ab; er entfaltete in dreissigjähriger Arbeit das völlig neue Konzept einer theologischen Trilogie aus Ästhetik, Dramatik und Logik. Damit blieb er ein genialer und anregender Aussenseiter, der keine Schule bildete oder bilden wollte. Ansonsten glich die Dogmatik einer Baustelle mit verschiedenen Parzellen, ohne dass ein Bauplan vorhanden oder ein zukünftiges Gebäude ansatzweise sichtbar war.

Angesichts der unüberschaubaren aktuellen Entwürfe, deren Autoren sich zugleich in ihren eigenen Periodica engagierten, sollte nun „eine Dogmatik in handlichen Faszikeln"[2] wieder Orientierungshilfe aus der Tradition bieten. Für dieses Projekt einer „verstehenden Theologie" gewann Johann Auer seinen Regensburger Kollegen Ratzinger, mit dem er auch die Lehrorte Freising und Bonn geteilt hatte. Das hermeneutische Anliegen und die Absicht, *nova et vetera* zu bringen, einte beide. Ratzinger seinerseits konnte auf das Materialkonvolut zurückgreifen, das für eine mit Alois Grillmeier SJ gemeinsam anvisierte Dogmatik bereits seit den 50er Jahren angewachsen war, aber zu keinem publizierten Ergebnis fand.

> Als einziges gelang es mir die Eschatologie für die Dogmatik von Auer zu schreiben, die ich immerhin als mein am meisten durchgearbeitetes Werk ansehe. Zunächst versuchte ich einfach, nach dem Einschnitt des Konzils, meine ganze Dogmatik neu zu konzipieren, mich neu den Quellen zuzuwenden und die laufende Produktion im Auge zu behalten. So wuchs mir allmählich eine Vision des Ganzen zu, die sich aus den vielfältigen Erfahrungen und Erkenntnissen speiste, mit denen mich mein theologischer Weg konfrontiert hatte. Ich freute mich darauf, etwas Eigenes, Neues und doch ganz im Glauben der Kirche Gewachsenes sagen zu dürfen, aber es war mir offenbar nicht zugedacht. Eben als ich damit begonnen hatte, wurde ich in eine andere Aufgabe gerufen.[3]

Ratzinger trat Pfingsten 1977 die Nachfolge Julius Kardinal Döpfners als Erzbischof von München an. Insofern markiert seine „Eschatolo-

---

[2] Ebd. 175.
[3] 175/176.

gie" einen systematischen Höhepunkt, aber auch einen Einschnitt und gewissermaßen ein vorläufiges Ende seiner systematischen Produktion im engeren Sinne. Der erste Teil des „Jesus von Nazareth"-Buches sollte 2007 diese Linie fortführen, hier allerdings in einer auf ihren höchsten Punkt getrieben Rollenambivalenz – schrieb hier doch ein Dogmatiker, der zugleich Papst ist, aber weiterhin als eigene Stimme im theologischen Konzert gehört werden wollte.

Wovon handelt Ratzingers Eschatologie? Das Alpha der Geschichte lässt sich nur von ihrem Omega her erfassen. Aber steht dieses Omega erst am Ende der Geschichte? Oder ist es in Jesus Christus bereits so vorweggenommen und erreicht, dass die Vollendung schon Gegenwart ist, obwohl ihr Ende oder ihre Erfüllung noch aussteht? Das Verhältnis von Präsenz und Futur des Heils, das ja eine dynamische und wachsende Größe ist, bleibt zu klären: Ist das Reich Gottes schon da oder steht es noch aus? Oder gilt beides in einem neuen und differenzierteren Sinne in der Weise, dass Jesus Christus die *autobasileia* ist, die Gottesherrschaft in Person? Dann hat das Reich Gottes zwei heilsgeschichtliche Pole. Der erste Pol ist seine Inkarnation oder erste Ankunft, der zweite Pol seine Wiederkehr als Richter in seiner zweiten, die Geschichte erfüllenden Ankunft. Die „letzten Dinge" der Eschatologie sind dann aber keine rein futurischen Ereignisse, die ohne die eschatologischen Bilder in Schrift und Tradition beschrieben werden könnten. Sie bieten keinen Stoff für eine phantasievolle oder spekulative Reportage der Endzeit. Was für die gesamte Dogmatik gilt, gilt auch hier: „Die eigentliche Konstante ist die Christologie; von ihrer Integrität hängt die Integrität des Übrigen ab, nicht umgekehrt."[4]

Vollendung der Geschichte: Der Leib Christi

Eine Theologie der Heilsgeschichte muss zunächst fragen, ob sie überhaupt konzipiert werden kann. Alles hängt daran, ob und wie eine Vermittlung von überzeitlicher Wahrheit und kontingenter Geschichte möglich ist. Sie wird ferner fragen, ob das Heil, von dem sie spricht, nicht nur innerhalb der Geschichte wirkt, sondern sie auch vollenden wird und was eine solche Vollendung bedeuten mag. Bonaventuras „Hexaemeron" entwarf, so Ratzingers Deutung, diese Geschichte von ihrer Mitte her, die das Christus-Ereignis bildet. Eine solche Eschatologie setzt also auch anthropologisch an: Der Mensch ist ein Wesen, das auf die Vollendung in Christus angelegt ist. Ratzinger rezipiert Bult-

[4] *Eschatologie 1977*, 25.

mann und sein Anliegen dabei durchaus wohlwollend und ausführlich. Er lehnt es jedoch ab, ein anthropologisches oder existentialphilosophisches Konstrukt von Mensch und Gegenwart zum Maßstab der dogmatischen Aussagen zu erklären. Reich Gottes und Welt stehen sich nicht wie Größen gegenüber, die einander ausschließen. Dies gilt auch für den Menschen, der nicht als reines Geistwesen in einer fremden Welt steht. Er nimmt vielmehr leibhaft Teil an der Welt, die ja zunächst auch Schöpfung ist. Hier bleibt ein weiteres Dilemma des Extrinsezismus zu überwinden: der Leib-Seele-Dualismus.

Diese Voraussetzungen, die Ratzinger von Bonaventura her entwickelte und auch in den Konzilskommentaren nicht aus den Augen verlor, erlauben es aber nicht, einen dogmatischen Lehramtspositivismus zu vertreten, wie ihn die ältere Dogmatik für allem für den Traktat Eschatologie kannte. Der publizierte Traktat Ratzingers fasst sich hier auffällig kurz und bietet eher beiläufig einen dogmengeschichtlichen Überblick.[5] Ihn scheinen weniger die Lehrentscheide selbst als vielmehr ihre kontextuelle Hermeneutik zu interessieren. Ein Vorlesungs-Skript von 1972 formuliert dies noch deutlicher:

> Wir wollen die kirchlichen Lehrentscheidungen nicht als absolute und zeitlose Fixpunkte betrachten. Sie sind ein Teil des geschichtlichen Dramas des Glaubens und daher nur von ihrer Geschichte her verständlich. Wir finden in verschiedenen zeitlichen Stufen eine Reihe von Entscheidungen, die auch eine sachliche Stufung mit sich bringen.[6]

Von den alten Symbola führe der Weg über das *Pseud-Athanasianum* (DH 76), ein wichtiges dogmatisches Bekenntnis, bzw. *Concilium Toletanum XI* von 675 zu den beiden für den Westen typischen Lehrentscheiden: Die Bulle *Benedictus Deus* von 1336 verneint eine Wartezeit der Seele nach dem Tod, das *Lateranense V* von 1512-1517 hält zwar explizit die Unsterblichkeit der Seele fest, weist aber zugleich eine (neo-) aristotelische Konzeption zurück. Hier kann eine Hermeneutik des Glaubens, wie sie Ratzinger vorschwebt, ansetzen, die nicht nur die lehramtlichen Aussagen erläutert.

Zunächst entfällt also die neuscholastische Orientierung am Schema einer endzeitlichen Ereignisprophetie und mit ihr der Versuch, das Ende aller Dinge wie ein innergeschichtliches geschichtliches Ereignis zu beschreiben. Der existentialistische Ansatz Bultmanns hingegen, „das Christentum außerhalb der Wirklichkeit, auf der Nadelspitze des Augenblicks"[7] anzusiedeln, nimmt der Eschatologie gerade ihre geschichtliche Dimension. „Der unbezweifelbare sittliche Ernst dieser

---

[5] Ebd. 114-119.
[6] *Eschatologie 1972*, 37.
[7] *Eschatologie 1977*, 53.

philosophischen Theologie erscheint uns heute merkwürdig leer."[8] Hier werde das Reich Gottes auf Ethik, die Schriftauslegung auf Existenzhermeneutik reduziert. Der Marxismus hingegen verzeitliche die Eschatologie und münde in eine politische Utopie, die gleichwohl irgendwie geschichtlich „zu machen" sei. Bonaventura wehrte solche millenaristischen Konzepte ab; ebenso weist Ratzinger alle Versuche entschieden zurück, das „Eschaton" des Reiches Gottes zu verzeitlichen und zu politisieren. Der falsche Messianismus, das Ende als Vollendung politisch herbeizuführen, könne auch in emanzipatorischen Entwürfen letztlich nur zu totalitaristischen Formen führen. Die neuere Politische Theologie, wie sie auch von Johann Baptist Metz vertreten wird, scheint Ratzinger zwar durchaus von den politischen Theologien älteren Typs zu unterscheiden. Einen wirklichen Unterschied sieht er aber nur in der Weise, wie sie jeweils das Politische verzeitlichen: als Präsenz oder als Futur, als Gleichsetzung von Staat und Reich Gottes oder als Utopie, die dennoch zu erzwingen ist. In beiden Fällen wird zusammengeführt, was unvereinbar ist. Die verschiedenen Theologien der Revolution und der Befreiung lehnte er später aus diesem Grund ab.

Das Paradox der Eschatologie bleibt bestehen: Die Vollendung der Geschichte ist – wie Offenbarung, Inkarnation und Auferstehung – kein Teil der Geschichte, aber sie steht dennoch nicht außerhalb dieser Geschichte. Der Weg kann nur zwischen den Extremen hindurchführen, das Ziel „existential" aus der Geschichte herauszuhalten oder „politisch" in die Geschichte hineinzuziehen. Ratzinger findet ihn mit Bonaventura in der Person Jesu Christi, der das Reich Gottes und die Gottesherrschaft in Person ist. Dazu greift er das Wort des Origenes von der *autobasileia* Christi auf – ein unübersetzbares Wort, das genau diesen Gedanken ausdrückt. „Er *ist* Reich Gottes, weil durch ihn der Geist Gottes handelt in der Welt."[9] Dieses Reich versteht Ratzinger in einem doppelten Sinne als Leib: Zunächst ist die Kirche der Leib Christi; sie partizipiert an seiner Wirklichkeit. Der Menschwerdungs- und Auferstehungsleib Christi vereinigt außerdem untrennbar das, was sonst nicht zu vereinen wäre:

> Die Antwort auf die Frage des Reiches ist der Sohn. In ihm ist auch die unschließbare Diastase von Schon und Nochnicht geschlossen: In ihm sind Tod und Leben, Vernichtung und Sein zusammengehalten. Das Kreuz ist die Klammer, die die Diastase schließt. Wenn die Antwort auf die Frage des Reiches der Sohn ist, dann versteht sich von selbst, daß die Botschaft Jesu

---

[8] Ebd. 52.

[9] 41; vgl. auch die zahlreichen Zitate des Begriffs in *Jesus von Nazareth 2007* (u. a. 79, 181, 226).

> einer Eschatologie der Verhältnisse entschieden widerstehen muß; nicht bei den Verhältnissen ist anzusetzen, sondern bei der Person. Dann ist auch klar, daß Erlösung nicht durch die Befriedigung der Egoismen kommt, wie unsere stille Privat-Eschatologie sich träumt. [...] Deshalb muß die wahre Eschatologie universalistisch sein; sie muß auf alle zielen.[10]

Der Leib des einen Christus verwirklicht den universalen Heilswillen Gottes für alle. Die Auferstehung Christi begründet die Hoffnung auf die leibhafte Auferstehung insgesamt. „Auferstehung ist das Ergebnis unserer Zugehörigkeit zum einen Leib Christi, welche Zugehörigkeit faktisch durch die Eucharistie vermittelt wird."[11] Diese Zugehörigkeit erwächst aus der Menschwerdung, denn der Logos ist „Fleisch" geworden und hat die Menschlichkeit aller angenommen. Sie mündet in die Auferstehung des Fleisches. Die Eucharistie als Leib Christi gibt Anteil an ihr in dem kollektiven Leib Christi, der die Kirche ist. Insofern kommt für Ratzinger ein in der westlich-lateinischen Theologie häufig vernachlässigtes Thema in den Blick: die Vergöttlichung des Menschen (*theosis*) als Ziel der Erlösung.

> Der Mensch kann „Gott" werden, aber nicht dadurch, daß er sich dazu macht, sondern allein dadurch, daß er „Sohn" wird. Dort, in der Sohnesgebärde Jesu, nirgend anders, geht das „Reich Gottes" auf. [...] Wo die Form des Sohnes angenommen wird, da entsteht Gottgleichheit, weil Gott selbst Sohn und als Sohn Mensch ist.[12]

In einem prägnanten Satz von kirchenväterlicher Diktion zusammengefasst: „Der Leib des Sohnes ist die Brücke unserer Seelen."[13] Ratzinger entfaltet diesen dichten und auf den ersten Blick kaum verständlichen Satz in seiner Eschatologie. Aber er macht auch deutlich, dass alle Themen der Theologie in die Frage nach dem Leib Christi münden. Die Eschatologie stellt also keine abseitigen Sonderfragen.

Die Frage nach der unsterblichen Seele

Was ist die „Seele" im Unterschied zum „Leib"? Wie ist die Leiblichkeit der Auferstehung zu deuten? Zwei Möglichkeit sind denkbar: Leiblichkeit umfasst eher idealistisch letztlich doch nur die seelische Wirk-

---

10 *Eschatologie 1977*, 64.

11 *Auferstehung des Fleisches 1957*, Sp. 1049 (Abkürzungen aufgelöst). Gemeint ist das „pharmakon tes athanasias" (im Epheserbrief des Ignatius von Antiochien), die Eucharistie als Arznei der Unsterblichkeit bzw. Heilung der durch die Sünde bedingten Sterblichkeit.

12 *Eschatologie 1977*, 63/64.

13 *Gott alles in allem 1993*, 136.

lichkeit, die sich irgendwie als „Ganzheit“ ausdrückt („Leiblichkeit“ ohne spezifische Materialität). Oder sie bindet die Leiblichkeit und ihre Materialität „physizistisch“ an die Seele (der konkrete irdische Leib). Gilt aber die zweite Möglichkeit, so stellt sich ein neues Dilemma: Wenn der Leib ausdrücklich material gedacht wird, muss dann die Auferstehung nicht den irdischen Leib komplett wiederherstellen? Oder ist der Tod des Menschen ein „Ganztod“ von Leib und Seele, wie ihn das Alte Testament insgesamt vorzustellen scheint? Denn dort sprechen zwar die Makkabäerbücher von der Auferstehung, die Gott den gerechten Martyrern schulde, von der eher persischen Auferstehungskonzeption im Danielbuch oder der Weisheitstradition gar nicht zu reden. Aber der Gedanke der leiblichen Auferstehung meldete sich wohl erst spät, zumindest in einer ausdrücklichen Form.

Die traditionelle Terminologie scheint der Spur eines „platonischen Dualismus“ zu folgen. Aber das Problem reicht weiter: Adolf von Harnack hatte die Symbiose von biblischem und griechischem Denken, die im Neuen Testament und bei den Kirchenvätern faktisch gegeben ist, als die legitime Gestalt der christlichen Tradition diskreditiert: Jerusalem und Athen, schlagwortartig gesagt, schlössen einander aus. Die griechische Ontologie habe die biblische Anthropologie nicht nur überformt, sondern deformiert. Die Inkulturation der biblischen Botschaft in der späthellenistischen Welt sei misslungen.

Diese biblizistische Kulturkritik entwickelte einen ganz besonderen „Jargon der Eigentlichkeit“. Nicht nur die Theologie sei auf das Eigentliche der Schrift zurückzuführen, sondern auch die Schrift selbst müsse vom Eigentlichen ihrer Botschaft her verstanden werden. Das Projekt der „Entmythologisierung“ versuchte, das Neue Testament seines spätantiken Weltbildes zu entkleiden. Wie weit diese Entkleidung gehen könne und wann gewissermaßen der nackte Glaube unverhüllt sichtbar werde, ist allerdings schwierig zu sagen. Noch schwieriger scheint die Frage, ob am Ende überhaupt etwas übrig bleibt. Diese hypothetische Suche nach dem Eigentlichen und Ursprünglichen, das jeweils auch das zeitlich Erste sein sollte, hat aber ihrerseits hermeneutische Voraussetzungen. Ihr gültiger Ausgangspunkt ist das jeweils aktuelle Weltbild, der kritische Maßstab der „heutige Mensch“.

So schlicht diese Prämissen sind, so aufwändig ist das Geschäft, die hypothetischen Ursprünge zu (re-)konstruieren. Genau diese Argumentationsfigur, das Zurück zu den mutmaßlichen und normativen Ursprüngen, hat Ratzinger später gegen die historisch-kritische Exegese gewendet. Er setzt sie ebenfalls gegen eine liturgiewissenschaftliche oder pastoralliturgische Tendenz ein, die geschichtlich gewachsene Liturgie „archäologisch“ auf die womöglich frühesten Formen zurück zu führen – als wäre das zeitlich Erste auch das theologisch Beste. Insgesamt geht sein Vorwurf dahin, dieses kritische Konzept denke von Grund auf ungeschichtlich und unhermeneutisch. Ungeschichtlich zu denken bedeutet aber für Ratzinger dann auch, in idealistischer Weise ein Wesen oder eine Idee aus der jeweiligen geschichtlichen und daher doch nur zufälligen Einkleidung herauszulösen. Die alte Trennung von ewiger Wahrheit und kontingenter Geschichte, die durch den menschgewordenen und auferstandenen Gott überwunden ist, wird wieder hergestellt. Liegt das Problem dann doch in einem christologischen Konzept, das nicht wirklich von der geschichtlichen und personalen Einheit Gottes mit dem Menschen in Christus ausgeht? Und weiter: Wird hier Tradition nicht als zufällige und austauschbare menschliche Zutat zur Offenbarung und eben als Einkleidung der nackten „geistlichen" Wahrheit verstanden?

Noch in seinem systematischen Beitrag zur „Auferstehung des Fleisches" in „Sacramentum Mundi" (1968/69) ging auch Ratzinger davon aus, es handele sich bei dem biblischen Auferstehungsglauben und der griechischen Unsterblichkeitsidee „ursprünglich nicht um zwei komplementäre Vorstellungen, sondern je um eine Totalantwort auf das Problem der menschlichen Zukunft." Insbesondere zerlege der Platonismus den Menschen in „zwei heterogene Substanzen", den vergänglichen Leib und die von sich her unvergängliche Seele. Diese Unsterblichkeitsidee könne daher nicht zum biblischen Glauben einfach addiert werden. Also sei „eine ‚entplatonisierte' Eschatologie zu konstruieren". Nun haben diese Antithesen von Seele und Leib, Ewigkeit und Zeit, Reich Gottes und Welt eine auffällige Strukturähnlichkeit zu den Extrinsezismen der Theologie, von denen im vorhergehenden Kapitel die Rede war. Diese Antithesen werden in der ausgearbeiteten Eschatologie von 1977 endgültig aufgelöst; so „enthüllte sich die innere Logik der Überlieferung", wie Ratzinger festhält.[14] Gleichzeitig allerdings verschwand nicht nur der Begriff der Seele aus dem neuen, 1970 promulgierten lateinischen Messbuch Pauls VI., sondern auch der Begriff des Himmlischen (*caelum*, *caelestis*) in der deutschen Ausgabe.[15]

Die Philologie spricht schon seit langem nicht mehr von einem Leib-Seele-*Dualismus*. Diese Deutung legt sich vor allem dann nahe, wenn die Verheißungen der Mysterienkulte in die platonischen Dialoge zurückprojiziert werden. Ratzinger kann mit knappem Aufwand

> zeigen, daß die durch alle neueren theologischen Traktate geisternde Lehre von dem griechisch-platonischen Dualismus zwischen Leib und Seele

---

14 Vorwort zur *Eschatologie 1977*, 14.

15 Insofern wäre Ratzingers problemgeschichtlicher Aufriss dieser von Adolf Schlatter popularisierten und von Paul Althaus schon 1950 wieder zurückgezogenen These (ebd. 92-99) nach vielen Seiten zu ergänzen – ihr Nachleben ist zäher als ihre theologische Substanz.

> samt der dazugehörigen Lehre von der Unsterblichkeit der letzteren eine Phantasie von Theologen ohne Entsprechung in der Wirklichkeit ist.[16]

Die kirchliche Tradition prägt den Begriff der Seele in eigener Weise und hat *„mit der Antike so wenig zu tun wie der Auferstehungsgedanke. Er ist ein streng christlicher Begriff"*.[17] Damit entfällt – von ihren hochproblematischen Hermeneutik ganz zu schweigen – die gewohnte Antithetik. Es gab weder den gefürchteten „Dualismus" noch eine kurzschlüssige Rezeption griechischer Begrifflichkeit, die dem Begriff Seele anhängen könnte, wohl aber eine „Verschmelzung von christlichem Glauben und griechischer Suche nach dem Logos, der zusammenhaltenden Vernunft der Dinge"[18].

Entscheidend ist jedoch die Frage, wodurch und woher der Seele Unsterblichkeit zukommen soll. Der Verdacht regt sich, hier „werde ‚Unsterblichkeit' substanzialistisch, aus der Unteilbarkeit der geistigen Substanz, und damit theologisch unangemessen begründet"[19]. Schlichter gefragt: Hat der Mensch *von sich her* Unsterblichkeit? Oder ist sie ihm von Christus geschenkt – und zwar so, dass sie nicht nur irgendwie äußerlich zu seinem Menschsein hinzukommt, sondern dass umgekehrt sein Menschsein von Christus, der Mitte der Geschichte, begründet ist?

Ratzinger spricht konsequent vom dialogischen Charakter der Unsterblichkeit[20], der im christlichen Begriff Gottes gründe.

> Die Gestalt Christi bedeutet dem Glaubenden ja geradezu die Fleischwerdung des göttlichen Dia-logs [sic] mit den Menschen, wenn dieser Dialog die Auferweckung und das ewige Leben des Menschen ist, so heißt dies folglich, daß Christus selbst die Auferweckung und das Leben heißen darf (Jo 11,25).[21]

Gegen dieses christologische Konzept lässt sich nicht einwenden, das Alte Testament kenne den Gedanken der Unsterblichkeit nicht. Es ringt mit der Deutung des Todes und entwickelt sie, angesichts des Martyriums der Gerechten, aus eigenen Mitteln.[22] Abgesehen davon ließe sich auch fragen, warum der Glaube Israels an den lebendigen Gott in irgendeiner Weise die Jenseitsspekulation und ihre Kulte aufnehmen sollte, die er mit seinem Exodus aus Ägypten hinter sich gelassen hatte;

---

16 Ebd. 123.

17 Ebd. 126.

18 *Eschatologie und Utopie* (1977), in: *Kirche, Ökumene und Politik 1987*, 211-226, 213.

19 *Eschatologie 1977*, 127.

20 Vgl. den Artikel *Auferstehung des Fleisches 1967*, der den Kern der späteren Eschatologie enthält, sowie *Eschatologie 1977*, 127-129.

21 *Auferstehung des Fleisches 1967*, 400.

22 Allerdings ist auch das griechische Denken, wie Ratzinger es deutet, ein Logos, der zum Nomos der Gerechtigkeit tendiert, denn „wer auf die Gerechtigkeit setzt, setzt auf das eigentlich Wirkliche" (*Eschatologie 1977*, 73; vgl. 89).

diese Art, die Frage nach dem Leben zu stellen, dürfte gegenüber dem lebendigen Gott schlicht verfehlt sein. Dieses Argument gehört, wie Ratzinger darstellt, zum neutestamentlichen Befund: Jesus argumentiert gegenüber der Sadduzäerfrage nach der Auferstehung, die ja nicht in der Tora stehe, allein mit dem Begriff des lebendigen Gottes und mit seinem Namen als Gott Abrahams, Isaaks und Jakobs.

> Das heißt: die Menschen, die Gott gerufen hat, gehören selbst in den Gottesbegriff hinein. Es hieße Gott zu einem Gott der Toten machen und damit den Gottesbegriff des Alten Bundes auf den Kopf stellen, wollte man diejenigen für tot erklären, die ihm gehören, der das Leben ist.[23]

Kurz: Ratzingers christologische Argumentation setzt nicht nur beim neutestamentlichen Befund an, sondern bei der Einheit der beiden Testamente, wie sie in der Relecture Jesu selbst formuliert ist. Die Argumentation, mit der Terminologie der kanonisch-intertextuellen Exegese gesprochen, verläuft in beiden Leserichtungen. Sie nimmt ausdrücklich den Gottesbegriff Israels auf, der auf das Leben des lebendigen Gottes hin offen ist. Sie deutet ihn aber gegenläufig von Christus her, in dem dieses Leben seine konkrete Auferstehungsgestalt gefunden hat.

Wenn nun der Begriff der Seele in der Theologie originär christlich und der Gedanke ihrer Unsterblichkeit keine substanzontologische Umdeutung der Auferstehungshoffnung ist, stellen sich allerdings weitere Fragen. Was geschieht mit dem Leib im Tod und in der Auferstehung? Scheint nicht der Gedanke der unsterblichen Seele noch recht individualistisch oder heilsegoistisch zu klingen?

Der kritische Punkt zwischen individueller und kollektiver Eschatologie: Die Lehre vom Zwischenzustand der Seele und die Materialität des Leibes

Damit kehren die Überlegungen zu ihrem Ausgang zurück. Zu zeigen wäre, wie die individuelle Unsterblichkeit oder Auferstehung mit dem Ende der Geschichte, die ja die Geschichte des universalen Heilswillens Gottes und somit des Heils für alle Menschen ist, zusammenhängt. Wenn es einen wirklichen Zusammenhang und nicht nur Möglichkeiten gibt, dann lässt sich irgendwie die individuelle Vollendung von der Vollendung aller Menschen, ja der Geschichte der Schöpfung insgesamt, nicht trennen. Der Gedanke, die Welt laufe nach der Vollendung eines einzelnen Menschen unberührt weiter, zerrisse die Heilsgeschichte. Das Heil des Einzelnen kann nicht indifferent sein zu dem,

[23] Ebd. 77, 100.

was den anderen noch bevorstehen mag. Auch umgekehrt kann es denen, die noch am Lauf der Geschichte teilnehmen, nicht gleichgültig sein, was jenseits der Todesgrenze geschieht. Wenn der einzelne Mensch in den Leib Christi hinein entgrenzt wird und Teil der Kirche ist, kann der Tod dieses Leben nicht wiederum begrenzen und individualisieren. Vielmehr

> bleibt bestehen, daß das Heil der Menschen erst dann vollständig ist, wenn die zwiefache Trennung überwunden ist, der die anima separata unterliegt: die Trennung vom eigenen Leib und die Trennung von der vollen Gemeinschaft des Leibes Christi.[24]

Umgekehrt kann die Zukunft nicht nur die Zukunft der anderen sein; dann würde sie den Einzelnen in diesem Prozess kollektivieren und ihm persönlich eine Antwort verweigern. „Gestorben wird immer nur einzeln."[25] Eine kollektive Eschatologie, die nicht auf die Frage nach dem Tod des Einzelnen antwortet, versagt also nicht nur als individuelle Eschatologie: Sie hat in keinem Falle und für niemanden mehr etwas Gültiges zu sagen. Ratzinger richtet diesen Einwand auch gegen die universalgeschichtlichen Hoffnungsschemata, die das Heil auf eine Zukunft verschieben, die erst noch vom Menschen herzustellen ist. „Hier müßte dann auch die Kritik der politischen Theologie einsetzen."[26] So weit die Politische Theologie nur dieses Schema füllen sollte – ja. Johann Baptist Metz ging von vornherein über dessen Grenzen insofern grundsätzlich hinaus, da er zunächst keine machbare futurische Zukunft meint, sondern eben die Zukunft, die mit Christus in „eschatologischer Differenz" schon gegeben, aber noch nicht geschichtlich vollendet ist. Außerdem betont er wie Ratzinger die Solidarität – die politische Formulierung des communio-Gedankens – der Lebenden mit den Toten, die keinen „halbierten Sinn" der Geschichte als tragfähigen Sinn akzeptiert. Beide Gedanken blieben nicht auf die akademische Theologie beschränkt, sondern gingen über das Leitdokument der Würzburger Synode 1975 „Unsere Hoffnung" auch in das kirchliche Leben ein.

Um einen privaten und damit unsozialen oder unpolitischen Seelenfrieden ging es also Ratzinger gerade nicht. Das Heil der Auferstehung im Leib Christi, der auch die Kirche ist, bleibt nicht indifferent zu der geschichtlichen Welt, in der es leibhafte Gestalt angenommen hat. Dann muss es nicht nur die Materialität dieser Welt einbeziehen, sondern auch präzise fragen, was mit dem konkreten Leib geschieht, von dem

---

[24] *Auferstehung des Fleisches 1957*, Sp. 1049 (mit Bezug auf Henri de Lubac, *Katholizismus als Gemeinschaft*, Einsiedeln 1943, 116).

[25] *Eschatologie 1972*, 18.

[26] Ebd. 19.

sich die Seele im Tode trennt. Ist dieser Leib, wenn es um Auferstehung geht, letztlich doch nur eine Metapher der Seele? Wird aber, wenn es so ist, nicht die Leibhaftigkeit der biblischen Auferstehungshoffnung letztlich aufgegeben? Inwiefern kann, wie in der Schuldogmatik bis in die neueste Zeit geschehen, davon gesprochen werden, im Tode trenne sich das Formprinzip des Leibes, die Seele, von diesem Leib? Was bliebe dann von der Person? Wie kann diese „Person" zwar ihre letzte Seligkeit in der Anschauung Gottes findet, aber dennoch ein Bedürfnis behalten, sich mit ihrem Leib, dem ontologischen Träger ihrer Personalität, wieder zu verbinden? Diese Fragen kann die Schuldogmatik mit ihren Mitteln kaum beantworten.

Die „Ganztod"-Theorie ist exegetisch und systematisch fragwürdig. Sie wird weder dem Alten Testament noch der Einheit der beiden Testamente gerecht. Vor allem zerstört sie die personale Kontinuität zwischen dem Toten und dem Wiederauferweckten – er wäre zwar der gleiche, aber nicht mehr derselbe. Luthers Lehre vom Seelenschlaf ist eine durch die Tradition nicht gedeckte Verlegenheitshypothese, die nur die Probleme verschiebt, die zu lösen wären.[27] Dies gilt nach Ratzinger auch für Gisbert Greshakes Theorie der „Auferstehung im Tode". Mehr noch: Diese Theorie scheint die Auferstehung zu naturalisieren und zu anthropologisieren. Der Mensch gehe als Ganzer in die Vollendung Gottes ein, wobei Leiblichkeit zur Ganzheit seines freiheitlichen Selbstvollzugs gehöre. Dann kann sich die unzerstörbare Seele von einem zerstörbaren Leib grundsätzlich nie lösen; vielmehr kann die menschliche Freiheit nur als Ganze im Tod bestehen. Unsterblichkeit wäre ein Attribut der so verstandenen Freiheit. Ihre Leiblichkeit reduzierte sich auf einen kommunikablen Selbstausdruck, der von seiner physischen Präsenz nicht nur unterscheidbar, sondern im Tod zuletzt auch trennbar wäre. Das Schicksal des physischen Leibes und, im größeren Horizont der Schöpfung, der Materie überhaupt fiele aus diesem Konzept unsterblicher Freiheit heraus.

Greshakes Theorie der „Auferstehung im Tode" wirft aber noch ein weiteres Problem auf. Wenn die zeitliche Existenz der Freiheit unmittelbar in die Ewigkeit Gottes eingeht, dann wäre diese Ewigkeit zeitlos und leiblos im physischen Sinne zu denken. Aber welchen Ort kann dann die leibhaftige Freiheit des Menschen nach seinem Tode noch haben? Vollendet sich hier die Geschichte nicht ausschließlich in einer individuellen Eschatologie, die sich nicht mehr für die fortlaufende Geschichte interessiert? Der Mensch wäre also nicht nur in einer Art leibloser Leiblichkeit vollendet, sondern ginge auch in eine Zeitdimen-

[27] Vgl. den zweiten Anhang zur „Eschatologie" (1990), in: *Eschatologie 1977*, 217/218.

sion ein, in der seine Menschlichkeit keinen Platz haben könnte. Dieses Konzept erscheint idealistisch und reduziert Freiheit auf einen Selbstvollzug, unabhängig von jeder Materialität und Geschichtlichkeit. Kann dann aber – und dies ist die letzte und gewichtigste Frage nach dem vorausgesetzten christologischen Konzept – die Menschwerdung Gottes noch nachvollzogen werden?

Ratzinger will am mehrdimensionalen Begriff der Inkarnation und der Heilsgeschichte festhalten. Menschliche Zeit ist nach Augustinus „Memoria-Zeit", die auch dann bleibt, wenn der Mensch sich aus der physischen Zeit löst, aber gerade nicht unmittelbar in die Ewigkeit Gottes eintritt. So bleibt er leiblich, ohne den Bezug auf die materiale Seite dieser Leiblichkeit aufzugeben oder das relationale Netz der Geschichte zu zerschneiden.

> Der Mensch, der stirbt, tritt selbst aus der Geschichte heraus – sie ist für ihn (vorläufig!) abgeschlossen; aber er verliert nicht die Beziehung auf die Geschichte, weil das Netz der menschlichen Relationalität zu seinem Wesen selber gehört. Die Vorstellung von der Auferstehung im Tode nimmt auch der Geschichte ihren Ernst: Im Grund ist ja dann, von einem anderen Standpunkt her gesehen, die Geschichte eigentlich schon abgeschlossen. Der Realitätscharakter der weitergehenden Geschichte und so der zeitliche Index des Lebens nach dem Tod ist aber für den christlichen Gottesbegriff, der sich in der Christologie und so in Gottes Sorge für die Zeit inmitten der Zeit darstellt, von grundlegender Bedeutung.[28]

Insgesamt steht Ratzinger wohl dem geschichtsbewussten Solidaritätskonzept eines Johann Baptist Metz wesentlich näher als dem idealistischen Ansatz Greshakes. Das Nachwort zur 6. Auflage der „Eschatologie" von 1990 skizziert in zwei Anhängen den Verlauf des Diskurses auch über die deutschen Sprachgrenzen hinaus. Hier hat sich die Perspektive des Autors bereits verschoben. Er spricht nicht mehr als theologischer Teilnehmer des Diskurses allein, sondern auch als Präfekt der Glaubenskongregation, deren „Brief zu einigen Fragen der Eschatologie" er nochmals theologisch in eigener Sache kommentiert. Der Ton hat sich nun auch amtlich verschärft: „Eine Interpretation, die nicht treu ist, ist keine Auslegung mehr, sondern eine Fälschung."[29] Dies gelte für die dezidiert von Hans Küng vertretene Ganztod-Theorie, aber auch in der Sache für die Konsequenzen eines idealistischen Konzepts der Auferstehung, wie es Greshake vertritt. Die Kontinuität des Personalen im Tod kann, wenn die Materialität der Leiblichkeit und die Solidarität der Heilsgeschichte nicht aufgegeben werden soll, nur durch die Kontinuität formuliert werden, die der christliche Begriff der Seele traditionell meint.

---

[28] Ebd. 152.

[29] 211.

> Für die Zukunft der Theologie wird es grundlegend sein, daß sie wieder in ein positives Verhältnis zur lebendigen Einheit der christlichen Geschichte in der Kirche tritt. [...] Dann aber wird auch wieder klar werden, daß die in der Gemeinschaft des Glaubens gewachsene Sprache des Glaubens eine lebendige Realität ist, die nicht beliebig vertauscht werden kann.[30]

Wenn die Kontinuität der Person zwischen Tod und Auferstehung festgehalten werden soll, darf der Begriff der Seele nicht aufgegeben werden. Die Leiblichkeit der Seele darf weder von der Materialität abgelöst noch physizistisch konzipiert werden. Das Ende der Geschichte (und der Schöpfung!) ist für den Einzelnen nichts, was nur äußerlich zu seiner Vollendung hinzukäme. „Leib Christi heißt dann, daß alle Menschen ein Organismus sind und daß daher das Schicksal des Ganzen eines jeden Einzelnen Schicksal ist.“[31] Den Glauben von dieser materialen und geschichtlichen Wirklichkeit abzukoppeln, hieße daher letztlich, „in einem neuen Doketismus zu landen, der bei der Christologie beginnt und bei der Eschatologie endet“. Die wirkliche Menschwerdung würde ebenso wie die wirkliche Auferstehung aufgegeben. Die Konsequenz wäre: „Für die Geschichte und Materie bleibt keine Verheißung übrig.“[32]

Wird die Unsterblichkeit der Seele festgehalten, dann ist auch von dem Zwischenzustand zu sprechen, der mit den traditionellen Begriffen des Reinigungsortes oder des Fegefeuers bezeichnet wird. Die Solidarität aller in der Heilsgeschichte der Kirche bleibt darum mit den traditionellen Begriffen des Ablasses und des „Suffragiums“, des sühnenden guten Werkes (als Eintreten der Lebenden für die Toten von Christus her), verbunden. Hier zeigt sich die praktische Solidarität der einen Kirche exemplarisch als Solidarität der Lebenden mit den Toten. Sie wendet sich durch Christus und in ihm den Verstorbenen zu, wenn sie die „Memoria-Zeit“ der menschlichen Zeit in allen Dimensionen ernst nimmt. Darum ist

> letztlich der Glaube an Unsterblichkeit und Auferstehung mit dem Glauben an Gott identisch und nur von ihm her begründbar, von ihm her aber auch vollkommen logisch. Und weil Gott für uns erst in Christus konkret ist, darum ist unsere Hoffnung erst im Christusglauben konkret.[33]

Im Manuskript der Eschatologie-Vorlesung von 1972 wird diese kirchlich-solidarische Konzeption der individuellen und geschichtlichen Vollendung des Einzelnen in der Schöpfung eher noch deutlicher aus-

[30] 224.
[31] 157.
[32] 205.
[33] 223.

gesprochen. Ratzinger beginnt seine Skizze der Problemstellung mit einem Hinweis auf die Allerheiligenlitanei, weil sie die „Geschichte in Personen“ und „in Ereignissen“ einbezieht. So trägt sie die gemeinsame Hoffnung der Kirche betend vor Gott. Die Vorlesung schließt mit einer Hoffnungsperspektive, die sich an Origenes orientiert und damit in der Sache das Anliegen der „Apokatastasis“-Lehre von der Allversöhnung aufnimmt. Allerdings vermeidet Ratzinger in auffälliger Weise diesen Begriff und auch die provokanten Thesen Hans Urs von Balthasars zum Problem.[34] Auf den philosophischen Systemzwang des Origenes geht er nicht ein, weil die Vollendung der Geschichte nicht neuplatonisch als unvermeidliche Rückkehr in die Einheit Gottes gedacht werden kann. Er nimmt stattdessen den biblisch-exegetischen Impuls des Gedankens und damit sein originär christliches Anliegen auf. Origenes legt in seiner 7. Homilie über Leviticus das Verbot an Mose und Aaron aus, Wein und berauschendes Getränk zu sich zu nehmen, wenn sie zum Offenbarungszelt hintreten (Lev 10,9). Er bezieht diesen aufschiebenden Verzicht auf Christus, der am Vorabend seines Leidens davon spricht, den Wein der Eucharistie erst im Reich seines Vaters wieder zu trinken. Wie er auf die Vollendung aller wartet, für die er in den Tod geht, so soll auch die Kirche warten auf die Vollendung aller.

> Einfach menschlich wird zunächst der Gedanke gefaßt: ein Mensch kann solange nicht fertig und am Ende sein, solange seinetwegen noch gelitten wird, solange Schuld, die von ihm ausgeht, auf Erden weiterglimmt, und Menschen leiden. Aber es gilt auch positiv: nicht nur hinterlassene Schuld hindert das definitive Sich-Hinsetzen zum eschatologischen Festmahl, zur ungetrübten Feier, sondern auch schuldüberwindende Liebe. [...] Solange es unschuldiges Leiden gibt, solange eines seiner Geschöpfe leidet, solange kann Er den Wein nicht trinken.
> Von hier wird der wahre Inhalt der Fegfeuerlehre sichtbar wie auch der wahre Inhalt dessen, was Zwischenzeit und Ende der Zeit heißt.[35]

Ratzinger umgeht die obligatorische Diskussion der Apokatastasis-Lehre, indem er einfach das biblisch-christologische Anliegen des Origenes aufnimmt. Dieses Anliegen deutet er auf die Christologie des Leibes Christi und zugleich auf die Eucharistie, die sich nicht auf eine individualistische Aneignung des Heils beschränken lässt. Die Eucharistie als die Einheit des Leibes Christi kann in ihrer Vollendung im Reich des Vaters nur gefeiert werden, wenn sie den ganzen Leib Christi einbezieht. Das zeitliche Warten auf diese Vollendung schließt die

---

[34] Vgl. vor allem seine Zuspitzung in den beiden Aufsätzen *Kleiner Diskurs über die Hölle* (1987) und *Apokatastasis* (1988), zusammengefasst publiziert Freiburg ^{3}1999.

[35] *Eschatologie 1972*, 52/53.

Solidarität der Feiernden ein. Sie äußert sich auch darin, dass die Eucharistie sich in ihrer liturgischen Feiergestalt nicht erschöpft, sondern auf praktische „Caritas" und Solidarität hindrängt. Die erste Enzyklika Benedikts XVI. hat diesen Aspekt wieder aufgenommen und entfaltet: Anfang und Ende der individuellen und kollektiven Vollendung ist der Leib Christi in Kirche und Eucharistie.

5
„Theologische Prinzipienlehre" (1977-2005): *Hermeneutik zwischen Schrift und Tradition, Lehramt und Liturgie*

Von der Ambivalenz der Rollen, in denen Ratzinger lehrte, war bereits ausführlicher die Rede. Der Versuch, seinen theologischen Weg mit dem amtlichen Weg seiner Lehrrollen als Priester und als Professor zu synchronisieren, lässt sich in den folgenden Kapiteln nicht so relativ geradlinig durchhalten wie bisher. Schon die beiden Anhänge zu seiner „Eschatologie" von 1977 zeigen, dass hier zwar weiterhin ein akademischer Theologe an seinem Fachdiskurs teilnimmt. Aber tatsächlich ist seine Position stark verändert, wenn er sich – zumal mit einigem Nachdruck – auf einen Brief, den er selbst verantwortlich unterzeichnet hat, aus eben der Glaubenskongregation bezieht, der er vorsteht. Der schwierige Diskurs in einer ohnehin nach dem Konzil polarisierten theologischen Landschaft wird dadurch nicht einfacher. Andererseits hält gewiss die Schärfe, mit der Ratzinger als Diskursteilnehmer nach wie vor behandelt wird, dem Respekt vor seiner Fachkompetenz und seinem Amt durchaus die Waage. Sein Wappen als Bischof von München und Freising macht das Pathos des Anspruchs, Mitarbeiter der Wahrheit zu sein, sichtbar; aber dieser Anspruch gilt für ihn selbst ebenso wie für andere. Dennoch agiert er von diesem Punkt an auch in einer Weise, die eben diese Wahrheit amtlich von anderen einfordert. Die Ambivalenz führt also durchaus auch in ein Dilemma: Ratzinger ist zwar Partner im theologischen Diskurs, aber zugleich auf der Ebene des amtlichen Diskurses von Glaube und Wahrheit angesiedelt. Dies gilt für sein bischöfliches Lehramt ebenso wie für seine Rolle als Präfekt der Glaubenskongregation. Seine Beiträge machen deutlich, von welchem Ort aus und in welcher Rolle er jeweils spricht.

Zu den bisher besprochenen Gattungen der theologischen Rede kommen noch einige neue hinzu: Predigten und Betrachtungen, pastorale Anweisungen, ab 1981 zahlreiche Interviews, die er als Kardinal und Präfekt gibt – darunter mehrere Interview-Zyklen in Buchform –, Erklärungen und Noten der Glaubenskongregation, die seine Handschrift zeigen und seine Unterschrift tragen, ab 2005 dann Enzykliken, Motuproprien, Predigten, Katechesen und Reden schließlich. Er trägt sie zwar nach den Spielregeln des theologischen Diskurses („Professor Papst"), aber unvermeidlich auch in seiner Amtsrolle vor. Ab hier sind die Rollen nicht nur voneinander nicht zu trennen; sie lassen sich für viele auch nicht mehr unterscheiden. So wurde das Buch „Jesus von

Nazareth“ in der Regel als das „Jesus-Buch des Papstes“ apostrophiert, obwohl gerade dieses Werk ausdrücklich als Beitrag und Herausforderung zum Fachdiskurs gedacht ist.

Die publizierten Texte Ratzingers machen es nun zusätzlich schwer, die bisherigen Unterscheidungen einfach durchzuhalten. Manches aus den Zeiten der akademischen Lehre wird in Sammelbänden mit neueren Beiträgen kombiniert. Diese Zusammenstellungen zeigen zwar eindrucksvoll, wie konsequent Ratzinger die einmal gefundene Linie durchhält. Scheinbar disparate Beiträge werden nicht einfach addiert, sondern in ein neues Ganzes gefügt. Aber in dieser Kontextualisierung bezeichnet nun auch der Beitrag eines früheren akademischen Kollegen die neue Position des Präfekten der Glaubenskongregation; der Text, obwohl unverändert, kann und wird also anders gelesen werden, als er ursprünglich gemeint sein mag.

Der akademische und der kirchenamtliche Anspruch auf Wahrheit schließen sich keineswegs gegenseitig aus. Sie beziehen sich, zumindest aus Ratzingers Sicht als Bischof, Präfekt und Papst, auf dieselbe und nicht auf eine doppelte Wahrheit. Also muss bei der Lektüre dieser Texte auch die hermeneutische Kunst geübt werden, Rollen und Orte zu unterscheiden. Eine Trennung in private und amtliche Texte verbietet sich schon aus dem Grund, weil hier dieselbe Person spricht – und auf dieselbe Weise ansetzt und argumentiert. Darum können und sollen auch amtliche Texte Ratzingers herangezogen werden. Manche Vorgriffe und Rückgriffe, manche Rollen- und Ortsmarkierungen werden also nötig sein. Sie werden aber dazu dienen, die organische Entfaltung eines Denkens zu beobachten, das immer „kontextuell“ und situativ gewesen ist.

Theologische Prinzipienlehre: „Katholizität als Formalstruktur des Christentums“

Dieses Kapitel steht unter dem Titel, den Ratzinger für seine gesammelten, aber nicht zu einem fertigen Bau zusammengefügten „Bausteine zur Fundamentaltheologie“ gewählt hat: „Theologische Prinzipienlehre“. Sie erschien 1982. Ihr Vorwort ist in Rom auf den Karsamstag datiert, also auf den Geburtstag Ratzingers. Die Sammlung markiert und dokumentiert genau seinen Wechsel vom Bistum München-Freising in das Bistum Rom, vom Bischof zum Präfekten. Zur Frage stehen die „Konstruktionsprinzipien“ der Theologie für den systematischen Theologen ebenso wie für den Bischof und Leiter der Glaubenskongregation. Im Wesentlichen geht es wieder um das Prinzip Tradition, genauer: um das Verhältnis von Schrift und Überlieferung, das zwischen den verschiedenen Konfessionen strittig bleibt. Es ist eben auch spezifisch für das Selbstverständnis einer Kirche oder kirchlichen Gemeinschaft, wie dieses Verhältnis bestimmt wird. Die Frage nach der Tradition ist also gewissermaßen die Gretchenfrage der Konfession: Wie hält sie es mit dem Glauben, und in welcher Weise will sie Kirche sein?

Für die Dogmatik und die Fundamentaltheologie kommt noch ein Aspekt hinzu. Die Prinzipienlehre spricht immer von den Orten der Theologie, an denen sie ihre Erkenntnis gewinnt. Der Trienter Konzilstheologie Melchior Cano formulierte zehn solcher Erkenntnisorte (*loci theologici*): 1. die kanonischen Bücher der Schrift, 2. die ungeschriebene Überlieferung Christi und der Apostel, 3. die („katholische“) Gesamtkirche, 4. die Konzilien, 5. die römische Kirche, 6. die Kirchenväter, 7. die Theologen, 8. die natürliche Vernunft, 9. die Philosophen und 10. die menschliche Geschichte. Diese Zusammenstellung ist nicht additiv. Cano unterschied die eigentlichen theologischen Erkenntnisorte (*loci theologici proprii*), zu denen die ersten sieben Orte zählen, von den übrigen drei Orten, die in der Theologie gewissermaßen „eingebürgert“ werden (*loci theologici ascriptici*). Nur der achte Ort erlaubt das ergänzende Vernunftargument; die übrigen Orte bilden die Ansatzpunkte für geschichtliche und positive Autoritätsargumente.

Dieses wegweisende Konzept einer theologischen Vernunft bildet den Hintergrund des Sammelbandes, mit dem Ratzinger seine systematischen Überlegungen zum Begriff der Tradition abschließt. Teil I entwickelt die „Katholische Sicht“. Er geht von der kirchlichen Wir-Struktur des (Tauf-)Glaubens aus und betont die altkirchlichen Symbola, die als Bekenntnisse der Kirche und Zeugnis der Väter den Vorrang haben vor zeitgenössischen „Kurzformeln der Glaubens“. Teil II stellt sich der ökumenischen Situation und ihren offenen Fragen. Dabei zeigt Ratzinger am Weihesakrament auf, dass hier das Prinzip Überlieferung eben die sakramentale Gestalt gefunden habe, ohne die der kirchliche und der eucharistische Leib Christi nicht sein können. Ratzinger bestimmt dabei die Prinzipien eines Ökumenismus (so der offizielle lehramtliche Begriff insbesondere des II. Vatikanum), der einen Dialog mit anderen Konfessionen immer nach dem Maß der Katholizität führen müsse.

Die Theologie, die solche Sätze formuliert, erschöpft sich nicht darin, einen Aussagenzusammenhang über Gott als ihr „Objekt“ herzustellen, das er im logischen und im dialogischen Sinne durchaus auch ist. Zunächst ist Gott selbst das Subjekt und der Autor der „theologia“. Theologie ist nach dem Verständnis der Kirchenväter die Rede Gottes in den Menschenworten der „Hagiographen“, der heiligen Schriftsteller, die als inspirierte Ko-Autoren dieser Theologie mitwirken. Theologie ist die Gottesrede der Heiligen Schrift; darum dürfen „sacra pagina“ (Heilige Schrift) und „theologia“ gleichgesetzt werden. Der späte Bonaventura habe sich den Sprachgebrauch der Väter auf eine neue Weise zueigen gemacht:

> In rechter Theologie müßte eigentlich Gott selbst das Subjekt sein, und darum ist nur die Schrift Theologie im vollsten Sinn des Wortes, weil sie wahrhaft Gott zum Subjekt hat, nicht nur von ihm spricht, sondern sein Sprechen ist, ihn selbst sprechen läßt. Aber Bonaventura verkennt dabei nicht, daß dieses Sprechen Gottes dennoch ein Sprechen von Menschen ist: Die heiligen Schriftsteller reden ja als sie selbst, als Menschen, und doch sind sie gerade so die „Theologoi“, jene, in denen Gott als Subjekt, als redendes Wort in die Geschichte eintritt. Das besondere der Heiligen Schrift gegenüber aller späteren Theologie wird damit voll gewahrt, aber zugleich wird die Bibel zum Modell aller Theologie und die sie tragenden Menschen zum Maßbild des Theologen, der seiner Aufgabe nur in dem Maß gerecht wird, in dem er Gott selbst Subjekt sein läßt.[1]

Theologie ist also prinzipiell Schriftdeutung und somit eine biblische Theologie, die vom Wort Gottes ausgeht. In diesem hermeneutischen Kontext stellt sich erst die theologische Frage, was Exegese sein kann und welche Rolle insbesondere die historisch-kritische Exegese innerhalb der Theologie spielen soll. Nur dann kann gezeigt werden, warum der kirchliche und lehramtliche Anspruch sinnvoll ist, die Schrift in der Tradition der Kirche verbindlich auszulegen. Sonst zöge dieser Anspruch einen äußeren und autoritären Eingriff in die wissenschaftliche Theologie und vor allem in die Exegese nach sich und würde die Autonomie des Faches verletzen.

Der tradierte gemeinsame Taufglaube der Kirche bleibt die Vorgabe der Theologie. Für diese Vorgabe tritt auch das Lehramt ein, damit die wissenschaftliche Theologie auch eine Theologie im vollen Sinne des Wortes bleibt und nicht einer glaubensfremden Rationalität folgt, die eine Autonomie gegen diese Vorgabe des Glaubens beansprucht.[2] Steht hier nicht ein mittelalterliches Konzept gegen das Prinzip der aufgeklärten und autonomen, nur sich selbst gegenüber verantwortlichen Vernunft? Nun ist das Vernunftkonzept der Aufklärung nicht einfach nur das normative Konzept der Moderne, sondern auch seinerseits eine geschichtliche und gewachsene Größe. Der Absolutismus ist geschichtlich das Herrschaftskonzept der Aufklärung. Dieser

---

[1] *Was ist Theologie?* (1979), in: *Theologische Prinzipienlehre 1982*, 337/338.

[2] Zum kirchlichen Status des Theologen sowie zum Verhältnis von Lehramt und Theologie vgl. die Grundsatzerklärung der Glaubenskongregation *Instruktion über die kirchliche Berufung des Theologen 1990*, vor allem Nr. 6-31.

Satz gilt auch in seiner Umkehrung: Die Aufklärung ist das Vernunftkonzept des Absolutismus.[3] Durch diese aufgeklärte Vernunft kommt eine intellektuelle Gnosis, nämlich die Vernunfterkenntnis der akademischen Intellektuellen, zur Herrschaft. Sie wendet aber ihre Mündigkeit nicht unbedingt gegen den herrschenden Absolutismus. Ratzinger spricht zwar nicht ausdrücklich von dieser Dialektik der Aufklärung, sieht sie aber durchweg skeptisch als ein geschichtliches Konzept der Vernunft. Mit der Trennung von Glaube und Vernunft, die dieses Konzept vertritt, löst es sich von der Kirche ab und emanzipiert sich. Ratzingers vernunftkritische und geschichtsbewusste Reserve gegenüber einer „reinen Vernunft“ lässt allerdings nicht den Rückschluss zu, er vertrete ein „vormodernes“ oder „aufklärungsfeindliches“ Konzept. Eher scheint er in einen postmodernen Dialog eintreten zu wollen, der die Geschichtlichkeit der Vernunft mitbedenkt.

> Der gemeinsame Grund des Taufglaubens, für den das Lehramt einzutreten hat, ist für eine sich recht verstehende Theologie keine Fessel, sondern eine Herausforderung, die sich in Jahrhunderten immer wieder als fruchtbar erwiesen hat. Das Modell des Aufklärungsdenkens kann die Struktur des Glaubens nicht in sich aufnehmen – darunter leiden wir heute. Aber der Glaube ist seinerseits weiträumig genug, um das geistige Angebot der Aufklärung anzunehmen und ihm eine auch für den Glauben sinnvolle Aufgabe zu stellen.[4]

Die vermittelnde Position, die Ratzinger in seinem Münchner Gespräch mit Jürgen Habermas andeutet, nimmt er also schon hier ein. Kirchlicher Glaube und aufgeklärte Vernunft sind aufeinander verwiesen. Sie haben das Potenzial, einander zu kommentieren und ihre jeweiligen Pathologien zu korrigieren. Dieses Konzept öffnet nicht nur der wissenschaftlichen Theologie, sondern auch der lehramtlichen Theologie die Möglichkeit, am öffentlichen Diskurs teilzunehmen. Eine Theologie, die sich als Hermeneutik der Schrift versteht, verzichtet

---

[3] Die vielzitierte Bekenntnisschrift der deutschen Spätaufklärung, Kants Essay „Was ist Aufklärung?“ (1784) illustriert genau dieses Dilemma. Dem rein vernünftigen Pladoyer für den mündigen Vernunftgebrauch folgt bei ihm die Forderung, den „privaten“ Gebrauch der Vernunft der politischen Herrschaft zu unterwerfen. Mit „privat“ meint Kant allerdings das Gegenteil des heutigen Sprachgebrauchs, nämlich den „bürgerlichen“, also den politisch-öffentlichen Bereich. Nur der „öffentliche“, d. h. hier akademisch gelehrte Gebrauch der Vernunft, darf sich mündig zeigen. Wie rein ist aber eine Vernunft, die nur in einem geschützten und ausgegrenzten Bereich mündig sein darf? Kant scheint sich der ironischen Pointe dieses Modells bewusst zu sein; er spielt auf Friedrich II. an: „Nur ein einziger Herr in der Welt sagt: *räsonniert*, so viel ihr wollt, und worüber ihr wollt; aber *gehorcht*!“ (*Werke* Bd. 9, Darmstadt 1964, 55).

[4] *Schriftauslegung 1989*, 18 bzw. 19.

nicht auf die Hermeneutik eines offenen Diskurses, weil beide in unterschiedlicher Weise vernünftig sind.

Das Verhältnis von Schrift und Tradition: eine Frage der Hermeneutik

Ratzinger übernahm 1988 die „Erasmus Lecture“ des Center on Religion and Society in New York. Die gemeinsame Ausgangsfrage war nicht kontroverstheologisch, sondern ökumenisch: Wer liest die Schrift, wer legt sie aus? Die Antworten sind so vielfältig wie die Orte, von denen aus sie gegeben werden – der Einzelne (klassisch protestantisch), die Kirche (traditionell katholisch) oder das Volk (als Topos der Befreiungstheologie). Konsens herrschte darüber, dass die exegetische Frage in das Feld der theologischen Hermeneutik gehört und also nicht mit rein exegetischen Mitteln beantwortet werden kann.

Ratzinger attestiert der Offenbarungskonstitution des II. Vatikanum, es habe die Situation, in der sich die „Symptome für den Zerfall von Interpretation und Hermeneutik“ zeigten, zwar „nicht geschaffen, sie aber auch nicht verhindern können“.[5] Nach dem Selbstverständnis der modernen Exegese geschehe „Auslegung kritisch oder durch Autorität, beides zugleich geht nicht“. Eine dogmatische Auslegung der Schrift, zumal mit dem hermeneutischen Schlüssel der Tradition, also ein kirchliches Verstehen der Schrift, seit mit der Methodik des wissenschaftlichen Erklärens nicht zu vereinbaren. Diese Position sei zwar keineswegs durch das Konzil gedeckt, entspreche aber der faktischen Rezeption der Offenbarungskonstitution. Konsequent werde die zweieine kanonische Schrift dann nur noch als ein disparater und diskontinuierlicher Schriftenkorpus behandelt und damit als eine erklärbare, in ihrem Wahrheitsanspruch und ihrer Geltung aber nicht mehr verstehbare Textmasse der Vergangenheit. Gegen diese methodische Historisierung helfe weder ein Anspruch auf rein wörtliches Verstehen noch „eine bloß positivistisch festgehaltene Kirchlichkeit“. Biblizismus und Lehramtspositivismus, diese beiden (wenigstens latent) fundamentalistischen Gefährdungen des Protestantischen und des Katholischen, sind also keineswegs diskussionswürdige Alternativen. Aber auch die häufige Praxis der Dogmatik, auf die Ratzinger möglicherweise anspielt, „sich die jeweils am ehesten mit der Tradition verträglichen Antworten aus dem Angebot der modernen Exegese“ auszuwählen, verfehle das Problem.

---

[5] *Schriftauslegung 1989*, 18 bzw. 19.

Sein eigener Lösungsvorschlag plädiert dafür, das Projekt der Aufklärung differenziert und kritisch fortzuführen:

> Was wir brauchen, ist eine Kritik der Kritik, die aber nicht von außen, sondern nur aus dem selbstkritischen Potential des kritischen Denkens, aus seinem Inneren entwickelt werden kann: eine Selbstkritik der historischen Exegese, die sich zu einer Kritik der historischen Vernunft in Fortführung und Abwandlung der kantischen Vernunftkritiken ausweiten läßt.[6]

Es geht also um eine Metakritik, die Ratzinger von der Exegese selbst erwartet und deren Anliegen er durch „erste Erkundungsfahrten in ein noch wenig erschlossenes Gelände“ vorwegnehmen möchte. Zunächst: Die Ergebnisse der Exegese seien selbst noch einmal diachron zu lesen – nicht positivistisch als Fakten, sondern als geschichtliche Konstrukte geschichtlicher Personen. Die *Inter*pretation geht als ein subjektives Engagement in die scheinbar so objektive Methodik und vor allem in ihre Voraussetzungen ein.

> Die reine Objektivität ist eine absurde Abstraktion. Nicht der Unbeteiligte erfährt, sondern Beteiligung ist die Voraussetzung der Erkenntnis. Es fragt sich nur, wie man zu einer Beteiligung kommt, bei der nicht das Ich die Stimme der anderen überschreit, sondern ein inneres „Einverständnis“ mit dem Damaligen die Ohren für deren Wort rein werden läßt.[7]

Im Einzelnen wendete sich Ratzingers Lecture gegen die von Dibelius und Bultmann eingeführte Idee der Diskontinuität in allen Phasen der Textüberlieferung, außerdem gegen die methodische Unterstellung, das Ältere und Ursprünglichere sei das weniger Komplexe und weniger Reflektierte. Dazu gehört auch die Hellenisierungsthese mit ihrer Absicht, den semitischen Kern der Schrift von seiner griechischen Schale zu befreien. Etwas vereinfacht gesagt: Ratzinger stellt die historistische Konstruktion einer „purgierten“, auf den angeblich echten, ältesten und semitischen Ursprung zurückgeführten Textüberlieferung gegen die geschichtliche und lebendige Tradition der Kirche. Er sieht in der historistischen Vernunft der etablierten Exegese ein nicht bewältigtes Erbe der Kantischen Kritik. Kant habe die Vernunft für die Praxis auf „Postulate“, d. h. auf nicht weiter erweisbare und sinngemäß notwendige Vorgriffe auf Werte bezogen. Die theoretische Vernunft habe er auf das Kategoriale, nämlich das Positive und Empirische der exakten

---

6 Ebd. 22.

7 23. Wie in seiner „Einführung in das Christentum“ verweist Ratzinger auch hier auf philosophische Implikate der Naturwissenschaft, nicht etwa auf vordergründige Analogien. Die Unschärferelation Heisenbergs habe die Grenzen der vermeintlichen Objektivität in der Mikrophysik sichtbar gemacht; ähnliches gelte auch für die vermeintliche Objektivität der historisch-kritischen Exegese.

Wissenschaften beschränkt. Wenn die Theologie diese Vorgaben Kants einfach übernimmt, kann sie nur noch mit Einschränkungen betrieben werden: Gott kommt im Kategorialen nun nicht mehr vor, sondern allenfalls noch als „Postulat“ der Ethik. Eine solche „reductio historiae in philosophiam, eine Rückführung der Geschichte auf Philosophie und durch Philosophie“[8], sei die verdeckte Grundlage der modernen Exegese. Mehr als das, was sie gemäß dieser Vorgabe in den Texten sucht, kann sie daher nicht finden. Aber alles, was im Text fremd und anders ist, was sich seinem Anspruch nach nicht mit dem Weltbild des modernen Exegeten verträgt, scheidet als vormoderner Mythos aus.

Die Exegese soll also ihr kritisches Potenzial metakritisch auf die eigenen Vorgaben anwenden. Dann kann sie nicht einfach das „kerygmatische“ Wort gegen das bezeugte Ereignis, die ethische Predigt gegen die geschichtliche Wahrheit ausspielen. Wenn etwas gesagt wird, dann wird es ausgesagt über etwas, das als wirklich und geschehen behauptet wird. Diese Kritik an der Bultmann-Schule greift auf Ratzingers Begriff der Tradition zurück: Nicht die Predigt ist das Modell für das Wort, sondern die Tradition (*paradosis*): das weitergegebene Zeugnis für das zentrale Ereignis der Heilsgeschichte, Jesus Christus.

Es geht nun nicht nur um das Zeugnis, sondern auch um das, was die Theologie als Inspiration bezeichnet. Die Schrift ist aber insofern wirklich Offenbarung, als ihre menschlichen Worte die Gestalt bilden, in der sich Gott selbst aussagt. Von *Dei verbum* (VI, 21) her wäre zu ergänzen: Wenn die Kirche die Heilige Schrift immer verehrt hat wie den Herrenleib selbst, dann lassen sich Inspiration und Inkarnation nicht trennen. Es ist derselbe Gott, der Mensch wird und der in den menschlichen Worten der Heiligen Schrift spricht. „Deshalb hat die Ganzheit der Schrift ihren eigenen Rang [...]. Man hat die Ganzheit noch nicht, wenn man alle Teile einzeln hat.“[9] Eine metakritische Exegese, die sich selbst wissenschaftsgeschichtlich betrachtet und ihre verschwiegene Philosophie aufdeckt, wird „wieder zum Text kommen“. Das kritische Potenzial der Exegese und das kritische Potenzial der Tradition führen letztlich das exegetische Subjekt zu sich selbst, zu seinem Text und zu dem Standort zurück, von dem her der Text geschrieben wurde und von dem her er zu lesen ist. Anders gesagt: Wer in diesem metakritischen Sinne Exegese betreibt, liest die Heilige Schrift nicht als Privatsubjekt, sondern als jemand, der sowohl am Diskurs der Wissenschaft als auch am Diskurs der Kirche teilhat. Insgesamt lässt also dieser vertiefte Zugriff Ratzingers auf die theologische Hermeneutik den Verdacht weit hinter sich, einen lehramtlichen Positivismus gegen den

---

[8] 33.

[9] 41.

angeblichen Liberalismus der Exegese und ihre einseitige Quellenkritik erneut aufzulegen.

Damit ist aber die zentrale hermeneutische Frage eher gestellt als beantwortet. Eine vorläufige lehramtliche Antwort gab das Dokument der Päpstlichen Bibelkommission vom 23. April 1993, deren Vorsitz Ratzinger als Präfekt der Glaubenskongregation innehatte. Es greift aber in der Sache einige kritische Einsprüche auf, die der Rektor und wissenschaftliche Sekretär der Kommission Albert Vanhoye SJ bereits während des Erasmus Workshops vorgetragen hatte. Die historisch-kritische Methode wurde hier anders bewertet: Sie schließe, wenn sie „auf objektive Weise [!] angewendet wird, [...] kein Apriori [!] in sich“[10]. Ein Kapitel zur Hermeneutik verweist zwar recht allgemein auf die Arbeiten Paul Ricoeurs und die Symbolik der biblischen Sprache. Es beschränkt sich aber ansonsten darauf, die klassische Lehre von den Sinnen der Schrift ein wenig zu vereinfachen: Die Schrift sei sowohl wörtlich als auch geistlich sowie in Bezug auf die Offenbarung zu deuten, die sich im Kontext der biblischen Texte äußere.[11] Die Frage nach der hermeneutischen Bedeutung des Kanons der Schrift und einer prinzipiell an diesem Kanon orientierten Exegese wird kaum beiläufig behandelt[12]. Aber auch die Exegese der Kirchenväter und damit das Anliegen der Tradition, wie es Ratzinger erarbeitet hat, scheint nicht wirklich ernstgenommen; sie wird nur als „Allegorese“ erwähnt.[13] Vor allem verfehlt das Dokument die eigentliche theologische Pointe der nicht nur von Ratzinger aufgeworfenen Frage nach dem theologischen Rang der Exegese.[14] Entsprechend verhalten und reserviert fiel das Vorwort des Vorsitzenden aus.

---

[10] Päpstliche Bibelkommission, *Die Interpretation der Bibel in der Kirche, 23. April 1993* (= Verlautbarungen des Apostolischen Stuhls 115), Bonn 1993, 34.

[11] Ebd. 64-74.

[12] Vgl. die summarischen Anmerkungen 44-46 bzw. 82-83.

[13] So heißt es zum Beispiel: „In ihren Erläuterungen der Bibel bringen die Väter typologische und allegorische Interpretationen oft durcheinander und vermischen sie zu einem fast unentwirrbaren Geflecht. Dies geschieht immer aus pastoralen und pädagogischen Gründen“ (85). Das christologische Prinzip der typologischen Lektüre wird allenfalls angedeutet, seine theologisch-hermeneutische Bedeutung aber nicht erfasst.

[14] Erstaunlich schlicht wird formuliert: „Der Dogmatiker steht vor einem mehr spekulativen und systematischen Werk. Für seinen Zweck [!] interessiert er sich besonders für bestimmte Texte und Aspekte der Bibel; außerdem bezieht er viele andere Gegebenheiten in seine Reflexion ein, die nicht biblisch sind – patristische Quellen, Konzilsdefinitionen und weitere Dokumente des Lehramtes, die Liturgie wie auch philosophische Systeme und kulturelle, soziale und politische Gegenwartsbedingungen. Seine Aufgabe ist nicht die Bibelinterpretation [!], sondern das umfassend durchdachte Verständnis des christlichen Glaubens in all seinen Dimensionen und namentlich in Hinsicht auf seinen entscheidenden Bezug zur menschlichen Existenz“ (98).

In seiner Predigt am 25. Todestag von Kardinal Faulhaber (12. Juni 1977) hatte Ratzinger dessen Wahlspruch „Vox temporis, vox Dei“ (Die Stimme der Zeit ist die Stimme Gottes) zum Anlass genommen, um auf zwei Einsichten hinzuweisen: Das Wort Gottes sei zunächst an die Juden ergangen, aber es gelte durch die Kirche allen Völkern. Die Frage nach der Einheit der beiden Testamente ist damit aufgeworfen und vor allem die religionstheologische Frage, wie sich Judentum und Christentum angesichts der zwei-einen Bibel und des gemeinsamen „Alten“ (oder „Ersten“) Testaments zueinander verhalten. Ratzinger ging dieser Frage in einem Beitrag nach, der für die jüdisch-christliche Begegnung in Jerusalem unter der Moderation von Rabbi David Rosen, Chairman des International Jewish Committee, im Februar 1994 vorgetragen wurde. Die erweiterte Buchveröffentlichung trägt den ebenso schlichten wie spektakulären Titel „Die Vielfalt der Religionen und der Eine Bund“. Judentum und Christentum haben nicht den Status verschiedener *Religionen*, sondern stellen sich eher als Konfessionen desselben Bundes dar – im Unterschied zu „den Religionen“.[15]

Ratzinger liest die Tora, in ausdrücklichem Bezug auf den Katechismus der Katholischen Kirche von 1993, „prophetisch, in der inneren Spannung der Verheißung“[16], ohne ihr den Charakter der „Weisung“ abzusprechen. Sie gilt Israel, das der eine und einzige Gott in seinen Bund gerufen hat.

> So stehen wir aber vor einem Paradox: Der Glaube Israels war auf Universalität ausgerichtet; da er dem einen Gott aller Menschen zugewandt ist, trug er auch die Verheißung in sich, Glaube aller Völker zu werden. Aber das Gesetz, in dem er sich ausdrückte, war partikulär, ganz konkret auf Israel und seine Geschichte bezogen; es konnte in dieser Form nicht universalisiert werden. Im Schnittpunkt dieser Paradoxie steht Jesus von Nazareth, der selbst als Jude ganz im Gesetz Israels lebte, aber sich zugleich als Mittler der Universalität von Gott her wußte. Diese Vermittlung konnte nicht durch politisches Kalkül oder durch philosophische Interpretation erfolgen. In beiden Fällen hätte der Mensch sich über Gottes Wort gestellt und es nach seinen eigenen Maßstäben umgeformt.[17]

Nur aus dem Bewußtsein und Anspruch der inneren Einheit mit Gott habe Jesus das Gesetz öffnen und universalisieren können: „Die Ge-

---

[15] „Wenn es so steht, kann man keinesfalls Altes und Neues Testament als zwei verschiedene Religionen einander gegenüberstellen; es gibt nur einen Willen Gottes mit den Menschen, nur ein Geschichtshandeln Gottes mit den Menschen, das sich freilich in unterschiedlichen und zum Teil auch gegensätzlichen, aber in Wahrheit zueinander gehörenden Eingriffen vollzieht“ (*Die Vielfalt der Religionen 1998*, 58).

[16] Ebd. 34.

[17] 36.

setzesauslegung Jesu gibt nur Sinn, wenn [...] Gott sich selbst auslegt“. An diesem Anspruch auf göttliche Autorität entzünde sich der Konflikt von „Gehorsam und Gehorsam“, dem jüdischen Gehorsam gegenüber der Tora als Wort Gottes und dem christlichen Gehorsam gegenüber Jesus als menschgewordenes Wort Gottes. Insofern geht es um dieselbe und eine Tradition Israels, die sich auf den unterschiedlichen Wegen von Judentum und Christentum entfaltet. Damit „ist aber zugleich das strenge und Gegenüber von Altem und Neuen Bund aufgehoben und eine spannungsgeladene Einheit der ganzen Geschichte ausgesagt, in der sich in den Bünden der eine Bund verwirklicht.“[18] Ausgehend von der Tora-Deutung des Paulus (Gal 6,2) prägt Ratzinger eine Art christologische Bundesformel: „Die Tora des Messias ist der Messias, Jesus selbst.“[19] Dieser Gedanke wird das „Jesus von Nazareth“-Buch in besonderer Weise prägen.

Die innere Einheit der Testamente oder „Bünde“ wird also sichtbar, wenn sie in ihrer Dynamik auf den hin verstanden werden, der sie geschlossen hat: Gott – und nicht die zum Bundespartner bestimmten Menschen. Die Schrift Israels hat einen offenen Schluss, der in christlicher Sicht auf Christus zielt und in ihm seine vollendete Gestalt erhält. Diese differenzierte Bewertung schließt es aus, den Glauben Israels durch den Glauben der Kirche zu verdrängen und zu ersetzen („Substitutionstheorie“). Sie erlaubt es aber endlich, Israels und des Judentums Weg der Tora als „Weg der Treue“ zu dem gemeinsamen Gott des einen Bundes anzuerkennen.

Diese Anerkennung der Tora sprach das zweite, unter dem Vorsitz Ratzingers erarbeitete Dokument der Päpstlichen Bibelkommission „Das jüdische Volk und seine Heilige Schrift in der christlichen Bibel“ vom 24. Mai 2001 erstmals klar aus.[20] Damit entschied sich die Kommission im Sinne Ratzingers auch dafür, die klassische „dialektische“ Antithese Martin Luthers von „Gesetz und Evangelium“ und ihren latenten Antijudaismus grundsätzlich zu verabschieden. Der „Schock der Schoa“, so Ratzinger in seinem Vorwort, habe die Frage „in ein anderes Licht getaucht“, inwiefern Christen überhaupt beanspruchen dürfen, die Bibel Israels zu beerben und christlich auszulegen. Dieser Schock wirft somit keine zusätzliche Frage an das christliche Verständnis der Heiligen Schrift auf, die in einen Exkurs gehört und den etablierten Text nicht weiter stört. Diese Frage ist vielmehr die grundsätzliche Frage, ob angesichts der Schoa und ihrer Voraussetzungen das

---

18 58.

19 72.

20 Päpstliche Bibelkommission, *Das jüdische Volk und seine Heilige Schrift in der christlichen Bibel, 24. Mai 2001* (= Verlautbarungen des Heiligen Stuhls 152), Bonn 2001, 118.

Christentum überhaupt zu Recht bestehen kann, sofern es die Schrift beansprucht.[21] Eine Antwort, wie sie hier gegeben werden konnte, setzte den von Ratzinger konzipierten Begriff der Tradition und den Gedanken einer kontinuierlichen Heilsgeschichte voraus, deren Mitte Christus ist. Damit dürfte sich die Tragfähigkeit dieses Konzeptes gerade in einem so empfindlichen Punkt eindrucksvoll bestätigen.

Lässt sich Ratzingers Verständnis einer vom Begriff der Tradition her entwickelten Exegese abschließend charakterisieren? Er erweitert die typologische Exegese der Kirchenväter in einem entscheidenden Punkt. Der kanonische Zusammenhang erlaubt nicht nur eine Lektüre der Texte von Christus her, insofern er die Einheit und Mitte der beiden Testamente und Bünde ist. Auch *für sich* genommen bildet der Leseweg Israels und des Judentums eine selbständige und sinnvolle Bahn, die in christlicher Sicht zwar gewiss auf Christus hinführt, aber in jüdischer Sicht offen bleiben darf. Der Weg Israels und auch des Judentums bleibt der gültige Weg der Tora, der Weg der Treue und der Weg des „nie gekündigten Bundes", wie Papst Johannes Paul II. dieselbe Deutung mehrfach formuliert hat. Das Konzept Ratzingers deckt sich in den wesentlichen Zügen mit dem Ansatz der kanonisch-intertextuellen Exegese, die vor allem Brevard S. Childs vorangetrieben hat. Die unerlässliche *diachrone* Lektüre der Schrift, wie sie die historisch-kritische Exegese betreibt, wird um die *synchrone* Lektüre des Endtextes ergänzt. Synchronizität bedeutet, dass alle Texte miteinander „interagieren"; dem jeweils gelesenen Text liegen andere Texte zu Grunde, die immer – bewusst oder nicht – mitgelesen werden und das Verstehen des Textes steuern, der sich erst im Kontext aller kanonischen Texte erschließt. Deswegen ist der Endtext entscheidend, weil er den Kontext kanonisch herstellt. In einem gewissen Sinn lässt sich sagen, der Endredaktor der ganzen zwei-einen Schrift in ihrer kanonischen Gestalt ist die ganze Kirche. Erst von dem kanonischen Prinzip dieser Endredaktion liest sich die Schrift als die Heilige Schrift der Kirche. Dieses *hermeneutische Prinzip* hängt nun nicht daran, dass, wie gelegentlich eingewendet wird, der *historische Prozess* der Kanonbildung genauer zu erforschen wäre, als dies bisher gelungen ist. Es geht vielmehr – pointiert gesagt – um die inspirierte Ko-Autorschaft der Kirche an der Heiligen Schrift, deren eigentlicher Autor Gott selbst ist. Darum bildet die Schrift mehr als nur ein Dokument unter anderen Dokumenten innerhalb der Tradition der Kirche. Der Streit, der um Ratzingers Verhältnis zur Exegese ausgetragen wird, kann also nicht mit historisch-kritischen Mitteln ausgetragen werden: Dieser Streit spielt im Bereich

21 Vgl. sein Vorwort ebd. 8. Mit einiger Schärfe wendet sich Ratzinger gegen die liberalistische Markion-Deutung Adolf von Harnacks und ihre Folgen (ebd. 4-6).

der Hermeneutik und ihrer theologischen Frage nach dem, was die Heilige Schrift angesichts der Tradition der Kirche ist. Dass eine rein philologische Behandlung der Schrift mit den etablierten Methoden möglich ist, hat Ratzinger nie bestritten, wohl aber, dass eine so betriebene Exegese den Anspruch erheben darf, Theologie zu sein. Letztlich kreist die teilweise heftige Auseinandersetzung um die Frage, welcher wissenschaftliche Status der Exegese als Hermeneutik und vor allem als Theologie zukommt. Wenn die Exegese hermeneutisch denkt, wird sie ihre eigene Wissenschaftsgeschichte berücksichtigen müssen; wenn sie theologisch denkt, muss sie sich positiv der Voraussetzung stellen, ohne die es die Schrift nicht als Heilige Schrift gäbe: das Dogma als Glaube der Kirche.[22]

Liturgie als Erkenntnisort: eine Wiederentdeckung

Ist Liturgie überhaupt ein Thema für den systematischen Theologen? Josef Andreas Jungmann SJ, dessen „Missarum Sollemnia“ eine wichtige Basis der Liturgiereform darstellte, war ebenso wie Ratzingers Münchner Lehrer Joseph Pascher ein Vertreter der liturgischen Bewegung. Die Innsbrucker Verkündigungstheologie, der aber auch gerade ein Karl Rahner irgendwie zugehört, und die Pastoralliturgie kommen allerdings nicht ohne systematische Fragestellungen aus. Ebenso ist der umgekehrte Weg möglich, wird aber selten beschritten: der Weg des Systematikers, der die Liturgie als theologischen Ort und als Quelle ernst nimmt und kommentiert. Möglicherweise ist Ratzinger, für den die Liturgie persönlich und theologisch ein zentraler Erfahrungsort ist, das theologische Problem der Liturgie erst deutlich geworden, als er die Rezeption der Liturgie-Konstitution wahrnahm. Die fällige Liturgiereform unterscheidet er jedenfalls deutlich davon, wie sie durchgeführt wurde und sich ausgewirkt hat.

> Durch Paschers Vorlesungen und durch die ehrfürchtige Art, in der er uns Liturgie von ihrer Wesensgestalt her zu feiern lehrte, bin ich Anhänger der Liturgischen Bewegung geworden: So wie ich das Neue Testament als die Seele aller Theologie verstehen lernte, so begriff ich Liturgie als ihren Lebensgrund, ohne den sie verdorren muß. Deswegen habe ich zu Beginn des Konzils den Entwurf der Liturgie-Konstitution, der alle wesentlichen Erkenntnisse der Liturgischen Bewegung aufnahm, als einen großartigen Ausgangspunkt für die Kirchenversammlung gesehen und Kardinal Frings

[22] Vgl. insgesamt Rudolf Voderholzer, *„Schriftauslegung im Widerstreit“. Joseph Ratzinger und die Exegese*, in: Müller, Glaube 2007, 54-84, bes. 74-82 (Fazit im Blick auf das Jesus-Buch des Papstes und seine Problematik).

> in diesem Sinn beraten. Daß die negativen Seiten der Liturgischen Bewegung hernach verstärkt wiederkehren und geradezu auf die Selbstzerstörung der Liturgie hindrängen würden, habe ich nicht vorauszusehen vermocht.[23]

Das harte Urteil erwächst aus seiner kritischen Wahrnehmung, welche Wege die Rezeption des Konzils tatsächlich ging. Ungeachtet der teilweise schroffen Einzeldiagnosen Ratzingers, die manches Pro und Contra zulassen, wäre darauf zu sehen, welche theologische Intention er dem Konzil zuschreibt. Zum vierzigsten Jubiläum der Liturgie-Konstitution hielt er im Liturgischen Institut Trier einen Vortrag, der diesen Punkt zu benennen versucht:

> Mir scheint, dass die meisten Probleme in der konkreten Ausführung der Liturgiereform damit zusammenhängen, dass der Ansatz des Konzils beim Pascha nicht genügend gegenwärtig gehalten wurde; man hat sich allzu sehr ans bloß Praktische gehalten und geriet in Gefahr, die Mitte aus dem Blick zu verlieren.[24]

Der konziliare Leitbegriff „Pascha-Mysterium“ lässt sich mit „Ostergeheimnis“ nur sehr ungenau wiedergeben. Gemeint ist der Übergang vom Tod zum Leben, das Kreuzesopfer Christi und seine Vergegenwärtigung in der Liturgie der Messe. Pascha ist die Mitte Israels, an dem das Pascha Christi deutend, bewahrend und vollendend teilnimmt.

> Die Ströme des Alten Testaments fließen in der christlichen Liturgie zusammen, und diese tiefe Einheit von Altem und Neuem Testament, die Einheit der ganzen Heilsgeschichte gilt es neu zu entdecken.[25]

Dem Einen Bund stehen die vielen Religionen und ihre liturgischen Opfertraditionen allerdings nicht einfach nur fremd und äußerlich gegenüber. Auch die religionsgeschichtliche Kategorie des Opfers kehrt „in der vom Kreuz geschenkten Relecture“[26] verwandelt wieder. Die „Dynamik der Überschreitung“[27], die zum Pascha-Mysterium gehört, ergreift auch das Opfer der Religionen außerhalb des Einen Bundes, um es zu reinigen und zu sich selbst zu bringen.[28] Die Einheit der Tes-

---

[23] *Aus meinem Leben 1998*, 64.

[24] *40 Jahre Konstitution 2003*, 213.

[25] Ebd. 214.

[26] 213.

[27] 212.

[28] Vgl. ebd. 215. – Nichts anderes sagt auch der „vorkonziliare“ Aufsatz über die „Grundgedanken der eucharistischen Erneuerung des 20. Jahrhunderts“ (*Grundgedanken 1960*), der den Altar als Tisch näher zu den Gläubigen rücken will – allerdings als einen „Tisch, auf dem die Gemeinde der Gläubigen das Letzte Abendmahl Christi, das Gedächtnis des Kreuzesopfers feiert, der Tisch also, den Gott

tamente und der Heilsgeschichte integriert also die Religionen, indem sie ihre Opferbewegung auf Christus bezieht.[29]

Inwiefern aber bedurfte die Liturgie dieses Pascha-Mysteriums einer Reform? Ihre Grundkategorien „Verständlichkeit – Teilhabe – Einfachheit“[30] sind theologisch und nicht vordergründig praktisch oder katechetisch zu lesen. „Die Zugänglichkeit der Liturgie ist nicht mit der unmittelbaren Begreifbarkeit des Banalen zu verwechseln.“[31] Eine aktualisierende Übersetzung oder Anpassung etwa könne das Verstehen durchaus behindern oder minimalisieren. Tätige Teilnahme wiederum bedeute, den Anspruch der Liturgie an alle, die sie mitfeiern, ernstzunehmen und sich ihm zu stellen, statt die Liturgie selbst zu einer äußerlichen Aktion aller zu machen („Jeder soll etwas zu tun haben“[32]). Einfachheit heiße nicht, die Liturgie zu entsakralisieren und „antikultisch“ zu handhaben. „Der einfache Akt des Brotbrechens und der Kelchgabe ist ein wahrhaft sakraler Akt“[33].

Ratzinger knüpft mit seinem Buch „Der Geist der Liturgie“ programmatisch an die Liturgische Bewegung an. Nicht nur im Titel klingt Romano Guardinis Erstlingsbuch von 1918 nach; auch das Vorwort nennt als Anliegen dieser Einführung, „die Liturgie ‚wesentlicher‘ zu feiern (ein Lieblingswort Guardinis)“. Neu allerdings ist die Situation der Ernüchterung, die am Ende einer langen nachkonziliaren Epoche der Reformen eingetreten scheint.

> Ich möchte einen Vergleich wagen, der wie alle Vergleiche in vielem unzutreffend ist, aber doch dem Verstehen dient. Man könnte sagen, daß die Liturgie damals – 1918 – in mancher Hinsicht einem Fresko glich, das zwar unversehrt bewahrt, aber von einer späteren Übertünchung fast verdeckt war: Im Meßbuch, nach dem der Priester sie feierte, war ihre von den Ursprüngen her gewachsene Gestalt ganz gegenwärtig, aber für die Gläubigen war sie weithin unter privaten Gebetsanleitungen und -formen verborgen. Durch die Liturgische Bewegung und definitiv durch das II. Va-

---

uns gedeckt hat in dieser Welt, um uns zu seinen Tischgenossen zu machen“ (208). Das Mahl am Tisch ist also (durch) das Opfer am Altar.

29 „Gerade von einer kulttheologischen Lektüre her gehört das Neue Testament in einer tiefen Konsequenz mit dem Alten Bund zusammen“ (*Der Geist der Liturgie 2000*, 31). Gegen den Kult (nicht gegen seine Fehlformen) zu polemisieren, hieße also, die Kontinuität zum Alten Bund und seinem Kult (und nicht etwa bloß zu den Formen dieses Kultes) aufzukündigen. „Tempel“ und „Gesetz“ werden dann „als schlechthin überwundene Stufe von ‚Religion‘“ abgewertet (41) und der synagogale Gottesdienst zwar zum Modell erklärt, aber sein Bezug auf den Tempelkult unterschlagen (vgl. 59).

30 Vgl. *40 Jahre Konstitution 2003*, 216-221.

31 Ebd. 218.

32 219.

33 220.

> tikanische Konzil wurde das Fresko freigelegt, und einen Augenblick waren wir fasziniert von der Schönheit seiner Farben und Figuren. Aber inzwischen ist es durch klimatische Bedingungen wie auch durch mancherlei Restaurationen oder Rekonstruktionen gefährdet und droht zerstört zu werden, wenn nicht schnell das Nötige getan wird, um diesen schädlichen Einflüssen Einhalt zu gebieten. Natürlich darf es nicht wieder übertüncht werden, aber eine neue Ehrfurcht im Umgang damit, ein neues Verstehen seiner Aussage und seiner Wirklichkeit ist geboten, damit nicht die Wiederentdeckung zur ersten Stufe des definitiven Verlustes wird.[34]

Es geht also auch hier nicht in erster Linie um eine historisch-kritische Liturgiewissenschaft, die textkritisch die ältesten Schichten freizulegen hätte, um sie dann der Pastoralliturgik als Vorlage für neue liturgische Modelle zu liefern. Das Problem scheint ähnlich gelagert zu sein wie in Ratzingers Auseinandersetzung mit einer Exegese, die nicht vom kanonischen Endtext der Kirche, sondern vom hypothetischen Urtext der Forschung ausgehen will. Kanonisch ist, was synchron in der Kirche gilt, aber auch das, was diachron immer gegolten hat und als lebendige Tradition gewachsen ist. Die Tradition ist nicht einfach die äußere Schale eines ideellen „Kerns“, wie ein idealistisches und ungeschichtliches Konzept meint, das die Geschichte nur noch als Geschichten und als beliebige Varianten einer invarianten Idee sehen kann. Tradition ist aber noch weniger die bloße menschliche Zutat zu einer göttlichen Vorgabe. Auf dem Spiel steht also derselbe kirchliche Begriff der Tradition, um den die Offenbarungskonstitution gerungen und den Ratzinger in seinen Kommentaren präzisiert hatte. Die Aufgabe, einen theologischen Begriff dieser Tradition zu formulieren und sie angemessen – kritisch und selbstkritisch – zu verstehen, ist eine Aufgabe der Hermeneutik. In diesem Zusammenhang gehört der umstrittene Gedanke, Tradition habe mit organischem Wachstum zu tun und könne für die Liturgie nicht administrativ, etwa durch Kommissionen und Verordnungen, erzeugt werden. Es gehört zum Begriff der Tradition, dass sie kein subjektiv-„privates“ Konstrukt ist, sondern von dem kollektiven Subjekt der Kirche entfaltet und getragen wird. Insofern umfasst eine so verstandene Tradition im Unterschied zu einer administrativen oder zentralistischen Regulierung eine Vielfalt von Traditionsgestalten. So hat auch die liturgische Tradition der römisch-katholischen Kirche zahlreiche Ritenfamilien und bringt weiter neue Riten hervor, wie das Beispiel des zentralafrikanischen Ritus von Zaire zeigt.[35] Der synchrone Zusammenhang der Inkulturation, in dem das-

[34] *Der Geist der Liturgie 2000*, 7/8.
[35] 137-146.

selbe Christentum gleichzeitig in verschiedenen Kulturformen Gestalt annimmt, entspricht dem diachronen, geschichtlich gewachsenen Zusammenhang, in dem dasselbe Christentum weitergegeben und entfaltet wird. Die unvermeidlichen „Brüche“ werden dabei von der jeweils größeren Kontinuität überbrückt. Universalität und Kontinuität, Synchronizität und Diachronizität sind die einander ergänzenden Dimensionen, die erkennen lassen, dass es sich jeweils bei allen legitimen Unterschieden um dieselbe Kirche handelt.

Eine solche Einheit der Tradition wäre keine Einheit, wenn sie nicht eine Vielheit der Gestalten innerhalb dieser Einheit zulassen würde (im Unterschied zu einem immer latenten römischen Zentralismus, der zu einer vorsorglichen Vereinheitlichung tendiert). Es gäbe aber auch umgekehrt wenig Sinn, von Vielheit zu sprechen, wenn alle unterschiedlichen Gestalten keine verbindende und verbindliche Mitte hätten. Diese *Organizität* der Tradition ist eine gewachsene, aber zugleich auch eine weiterhin wachsende lebendige Größe. Darum kann Kontinuität nicht bedeuten, eine einmal gefundene Gestalt zu musealisieren. Kontinuität schließt aber auch aus, eine einmal gefundene gültige Gestalt völlig als verfehlte und bloß „geschichtliche“ oder „traditionelle“ Größe zu ignorieren oder gar zu zerstören.

Der Streit über die „richtige“ Liturgie oder, besser: über den Sinn und die Gestalt der Liturgie legt nicht nur Empfindlichkeiten bloß, sondern auch manche theologische Prämissen, über die sich zu streiten lohnt. Die Frage nach der Verbindlichkeit der Rubriken, also der rotgedruckten Handlungsanweisungen der Liturgie zielt unmittelbar auf die Sache. Wenn die liturgische Feier den Leib Christi in der Kirche, die wiederum Leib Christi in einem besonderen Sinne ist, ganz leibhaft feiert, dann sind Haltungen und Gebärden, Gefäße und Gewänder keine Zutaten. In der Liturgie des so verstandenen Leibes ist nichts nur „rein geistig“, sondern alles auch material und leibhaft. Mehr als die Worte spricht häufig die Ausdrucksgestalt einer solchen Feier, ob diese nun mit „Würde“ oder „performance“ beschrieben wird.[36] Wort und Sakrament haben in der Liturgie der Kirche ihre Leibsprache, die mehr umfasst als einen Text und dessen kognitive Qualitäten. Darum lohnt sich der Streit um diese Leibsprache, wenn er sich nicht ästhetizistisch in Geschmacksfragen oder katechetisch in Fragen der „Glaubensvermittlung“ erschöpft. Liturgie ist keine schöne Aufführung vor wissenden Genießern, aber auch kein Religionsunterricht mit anderen Mitteln. In beiden Fällen bliebe übrigens der feiernden Kirche oder Gemeinde nicht mehr viel Raum für eine aktive Teilnahme; sie würde reduziert auf ein Publikum oder ein Bildungsobjekt, statt die Liturgie

---

[36] 147-194.

als Subjekt (mit-)zutragen. Eine Einführung in den „Geist der Liturgie“ bietet dagegen eine Mystagogie, die zu der Tradition einer Kirche führt, die das Sakrament des Leibes Christi feiert und aus der Feier dieser Eucharistie immer wieder Kirche wird. So etwa ließe sich Ratzingers leitender Gedanke wiedergeben, der genau genommen einen liturgietheologischen Ansatz aus dem Begriff der Tradition formt.

Ein kaum beachteter Aspekt mag zeigen, welche Reichweite dieser Ansatz hat. Unter der bescheidenen Kapitelüberschrift „Die Bilderfrage“[37] behandelt Ratzinger nicht etwa ein Randthema der Liturgie, sondern die weitergehende und ökumenisch äußerst wichtige Frage, inwiefern die Liturgie auch selbst „Bild“ ist, nämlich die symbolische Vergegenwärtigung des Leibes Christi. Weder die Liturgie als Ganze noch die Bilder, die in ihr eine „Rolle“ spielen, liefern bloße Illustrationen für etwas, das auch bildlos und rein geistig zugänglich wäre. Bilder beschränken sich in der Liturgie zudem nicht darauf, die Katechese didaktisch-pädagogisch zu unterstützen. Der Grund dafür ist ebenso einfach wie zentral für den Glauben der Kirche: Jesus Christus selbst „illustriert“ nicht Gott; er ist auch kein „Beispiel“ für den Gott der Liebe, sondern dessen Mensch gewordene Liebe selbst (vgl. Kol 1,15 und die hymnische Aussage, Christus sei „das Bild des unsichtbaren Gottes“). Das Bild ist eine Weise, wie der Leib des Mensch gewordenen Gottes sichtbar wird. Das Bild gehört in eine Theologie und Liturgie, die nicht einen restlos verborgenen Gott der Philosophen feiert, sondern den Gott des Glaubens, der in die Geschichte eintritt und sie zur Heilsgeschichte bestimmt. So erhält die Materie in der Liturgie endgültig die Würde, auf die hin sie geschaffen ist: Sie wird zum Bildträger und vermittelt Gott in die Welt. Im Unterschied zum Sakrament ist das Bild allerdings nicht selbst die „Materie“, die in Gott verwandelt, nämlich als sein Leib angenommen wird, wie dies für die eucharistischen Gestalten von Brot und Wein gilt. Aber die Bilder in der Liturgie – wie die Liturgie insgesamt – zeigen Gott und auch die vielfachen Weisen, wie er selbst sich in den Menschen zeigt: Christus und die Heiligen. „Inkarnation bedeutet zunächst, daß Gott, der Unsichtbare, in den Raum des Sichtbaren eintritt, damit wir, die wir ans Materielle gebunden sind, ihn erkennen können.“ Aber Gottes „Abstieg“ in der Menschwerdung „ist dazu da, uns in einen Prozeß des Aufstiegs hineinzuziehen. [...] Deswegen verfehlt eine Reduzierung der Gestalt Christi auf einen der Vergangenheit angehörenden ‚historischen Jesus‘ den Sinn seiner Gestalt, verfehlt das, worum es in der Inkarnation geht.“[38]

---

[37] 99-116.

[38] 105.

Der Bezug der Bildproblematik zu der Frage, der Ratzinger als Papst in seinem Jesus-Buch nachgeht, liegt auf der Hand. Deutlich wird, wie sehr die hermeneutische Frage nach der Liturgie mit der hermeneutischen Frage nach der Exegese zusammenhängt. Wenn sowohl die Schrift, in ihrer Einheit mit der Tradition, als auch die Liturgie wirklich theologische Erkenntnisorte sind, dann gehören beide in die „Theologische Prinzipienlehre“ hinein.

Diese Perspektive hat eine große ökumenische Bedeutung für das Gespräch mit der Orthodoxie. „Die sogenannten Libri Carolini sowie die Synoden von Frankfurt (794) und Paris (824) wenden sich gegen das schlecht verstandene siebte ökumenische Konzil, das zweite von Nizäa [787], das die Überwindung des Ikonoklasmus und die inkarnatorische Begründung der Ikone kanonisiert [...].“[39] Diese liturgische Theologie ist also nicht folgenlos; sie scheint unmittelbar auf den ökumenischen Dialog ausgerichtet. Damit macht sie nochmals deutlich, wie sehr eine recht verstandene Tradition nicht nur ein theologischer Erkenntnisort ist, sondern auch ein wirklicher geschichtlicher und gemeinsamer Ort. Von diesem Ort aus können sich auch die Tradenten verständigen, die verschiedene Wege gehen. Ist nicht schon diese Perspektive ein Stück angewandter Prinzipienlehre?

---

[39] 107. – Meines Wissens ist Ratzinger einer der ersten – vielleicht sogar der einzige – unter den Theologen des Lehramts, der seit dem problematischen Unionskonzil von Florenz nicht nur den Namen des Gregor Palamas ausdrücklich nennt, sondern der Grundaussage seiner Theologie ausdrücklich zustimmt, wenn er sich dem Urteil des orthodoxen Systematikers Paul Evdokimov anschließt: „Aber es gibt – wie Evdokimov sagt – auch ein apophatisches Ja, nicht nur ein apophatisches Nein, das alle Ähnlichkeit leugnet. Mit Gregor Palamas unterstreicht er, daß Gott radikal transzendent ist in seiner Wesenheit, aber sich in seiner Existenz als Lebender darstellen wollte und konnte. Gott ist der ganz Andere, aber er ist doch mächtig genug, um sich zeigen zu können. Und er hat sein Geschöpf so geschaffen, daß es fähig ist, ihn u ‚sehen‘ und zu lieben“ (ebd. 106/107). Dieser kurze Abschnitt dürfte eine – leider häufig überlesene – theologische Sensation sein: Palamas (1296-1356), der athonitischer Mönch und Hesychast, Bischof von Thessalonike, Kirchenlehrer und Heilige der Orthodoxie (seit 1368), steht im Osten als Leitgestalt der Orthodoxie, im Westen hingegen als Häretiker oder bestenfalls innerorthodoxer Streitfall da. Wenn Ratzinger als Theologe und zugleich Präfekt der Glaubenskongregation einen palamatischen Theologen wie Evdokimov zustimmend zitiert und damit ein Problem des Dialogs von Orthodoxie und römisch-katholischer Kirche geradezu unterläuft, kommt einer solchen Notiz durchaus ein erheblicher Signalwert zu. Dies gilt auch für seine deutliche Forderung nach „einer wirklichen Rezeption des siebten ökumenischen Konzils, des zweiten von Nizäa“ (115).

6
Angewandte Prinzipienlehre (1977-2005): Amtliche Katechese als Bischof, Kardinal und Präfekt

Ein vor allem deutscher „antirömischer Affekt“ entzündet sich seit Jahren am deutschen Römer Ratzinger. Die legendäre Wende von Ratzinger I (vor dem Konzil) zu Ratzinger II, die ihm zugeschrieben wird, und die Rolle als Präfekt der Glaubenskongregation trugen ihm die wenig schmeichelhaften Namen „Panzerkardinal“ und „Großinquisitor“ ein. Galt er in seiner Münchner Bischofszeit immerhin als ein dialogfähiger Konservativer, so sprach man dem römischen Präfekten zunehmend die Offenheit für alles ab, was sich jenseits der päpstlichen und kurialen Leitlinien entwickelte. Persönliche Verletzungen und enttäuschte Erwartungen deutscher Theologen und Konzilsteilnehmer mögen dabei eine Rolle gespielt haben. Der ehemalige Kollege, nun der große Vorsitzende der weltkirchlichen Glaubenslehre und der Berater des in Deutschland oft wenig geliebten Papstes Johannes Paul II., galt und gilt manchen als eine ambivalente Größe. Die theologische Kompetenz war dem Kardinal nicht abzusprechen; auf die Teilnahme am Fachdiskurs verzichtete er weiterhin nicht. Zwar klingen die seinerzeit schrillen Töne des Streits, vielleicht durch einen Generationenwechsel bedingt, inzwischen leiser und gelassener. Aber wohl immer noch sind, gerade angesichts des Ratzinger-Booms und einer unkritischen Rezeption, die alte Skepsis und die eher widerwillige Anerkennung lebendig, die ihn seit dem Ende des Konzils begleiten. Nicht nur die theologischen Positionen Ratzingers sind strittig, sondern auch seine lehramtlichen Positionsbestimmungen. Beide zusammen genommen, die Theologie und die Rolle, in der er sie vortrug, ergaben eine heikle Mischung. Diese Ambivalenz der Rollen wurde vor allem ab dann greifbar, als Ratzinger in zwei Instruktionen unmittelbar in die Theologie und ihre politische Rolle eingriff. Gemeint sind die beiden Instruktionen zur Befreiungstheologie von 1984 und 1986. Insofern lässt sich die deutsche Ratzinger-Kritik nicht als regionale theologische Folklore oder als der gewohnte „furor teutonicus“ abtun – obwohl manche durchaus regionale Komponente eine Rolle gespielt haben mag. Wenn die theologische Prinzipienlehre im konkreten Fall angewendet wird, wenn Theologie in amtliche Instruktion übergeht, verschärft sich der Sachkonflikt.

Dabei trug Ratzingers Amtsführung als Erzbischof von München und Freising betont pastorale Züge. Anlässlich der Neuregelung von Erstbeichte und Erstkommunion erwartete er eine nicht zu enge und vor allem kindgemäße Beichte[1], forderte Toleranz für Mund- und Handkommunion[2], betonte die kirchliche Stellung der Laienräte[3], förderte die Integrierte Gemeinde[4] und legte den Seelsorgern nahe, Glaubensnot ernstzunehmen und positiv an vorhandene „Glaubensfragmente“ anzuknüpfen[5]. Die Textrevision der Oberammergauer Passionsspiele sei im Sinne des Konzils und seiner Erklärung *Nostra aetate* durchzuführen.[6] Die Kirche sei kein „Interessenverband“[7], sondern müsse in einem positiv verstandenen Rechtsstaat[8] für eine Verbindung von Demokratie und christlichem Gewissen einstehen[9]. Er bekannte sich entschieden zum staatlichen Föderalismus und zu einer analogen Verankerung der Bayerischen Bischofskonferenz im „Annuario Pontificio“, das als jährliches Päpstliches Adressbuch auch die Struktur der katholischen Kirche nach außen abbildet.[10] Auch die Münchner Fronleichnamsprozession bekundete durch die Teilnahme von zehn indischen Bischöfen 1979 seinen Willen, Ortskirche in der Weltkirche zu leben.[11]

Die Themen und Konflikte der künftigen Jahre kündigten sich aber bereits an. Als einziger Legat von Papst Johannes Paul I. nahm er am Marianischen Nationalkongress in Ecuador teil. Er verwies nachdrücklich auf die Vorbehalte des früh verstorbenen Papstes gegenüber der lateinamerikanischen Befreiungstheologie und den Druck, der von dieser Seite im Vorfeld des Konklave nach dem plötzlichen Tod von Johannes Paul I. ausgeübt werde.[12] Auch die Puebla-Konferenz der lateinamerikanischen Bischöfe sehe sich einem Druck „von starken marxistischen Gruppierungen“ ausgesetzt.[13]

Zu den internationalen Polarisierungen in der Theologie traten nationale Verwerfungen. Hans Küng vertrete keine kirchliche Theologie; angesichts seiner Medienmacht könne von „Martyriumsbefürchtungen“ keine Rede sein, und mit Blick auf Küngs Position merkte er

---

1 *Joseph Kardinal Ratzinger in den Ordinariatskorrespondenzen 1977-2001 – Eine Textauswahl*, in: *Joseph Ratzinger und das Erzbistum München und Freising 2006*, 275-483, 297.

2 Ebd. 309.

3 Vgl. 326.

4 Vgl. 334.

5 412.

6 339.

7 Vgl. 341.

8 Vgl. 340-342.

9 Vgl. 349.

10 Vgl. 291.

11 Vgl. 352.

12 Vgl. 327.

13 Vgl. 328.

an, „ein deutscher Professor ist ja auch kein unbedingter Vertreter der Kirche der Armen".[14] Gleichzeitig eskalierte der öffentliche Streit mit Karl Rahner um die Wiederbesetzung des Münchner Lehrstuhls für Fundamentaltheologie mit Johann Baptist Metz. Rahner warf dem Erzbischof, der übrigens nicht allein gegen Metz votiert hatte, mit einem von Friedrich Spee entliehenen Pathos Machtmissbrauch vor. Ratzinger erwiderte, Rahner habe hingegen bei der Wiederbesetzung seines früheren Münsteraner Lehrstuhls Druck auf die ministeriell bestellten Sondergutachter, also auch auf Ratzinger, ausgeübt. Er verfüge zudem selbst über erhebliche Medienmacht.[15]

Nicht nur das innerkirchliche Klima wurde international und national rauer. In der akademischen Kultur schienen sich bestimmte Erfahrungen von 1968 zu wiederholen, als Ratzinger am 10. Juni 1980 durch marxistische Gruppierungen „mit Pfiffen und Gejohle [...] und mit dem ironischen Absingen von Christus- und Marienliedern gewaltsam am Sprechen gehindert"[16] wurde.

Instruktionen und Notifikationen: Theologie der Befreiung, pluralistische Theologie der Religionen

Papst Johannes Paul II. ernannte am 25. November 1981 Ratzinger als Nachfolger des verstorbenen Kardinal Franjo Seper zum Präfekten der Glaubenskongregation. Nun sollte der weltkirchliche Dienst den bisherigen ortskirchlichen Dienst an der Einheit ablösen. Sein neues Amt verstand Ratzinger weniger defensiv als vielmehr positiv anregend, um „das Problem des Auseinanderdriftens [...], im Grunde ein sehr schönes Phänomen" aufzunehmen und zu fragen, „wie das Ganze dann letztlich doch eine Theologie bleiben kann"[17]. Die kirchenpolitischen Verwerfungen, die sich bereits in München zeigten, nahmen neue Dimensionen an. Nur zwei von ihnen und auch diese nur insoweit, als sie mit Ratzingers theologischem Denken unmittelbar zu tun haben, seien hier eingehender erwähnt: Die Frage nach der Politischen Theologie, wie sie in der Gestalt der Befreiungstheologie längst aufgeworfen war, und die Frage nach der Theologie der Religionen, die sich gleichzeitig anbahnte. Im einzelnen ging es dabei um die theologische Linie, die in den beiden Instruktionen über die Theologie der Befreiung (1984/1986)

[14] 361/362; vgl. 267/368.
[15] Vgl. 364-366.
[16] 379 (im Wortlaut des politischen Referenten im Erzbischöflichen Ordinariat, Msgr. Dr. Curt M. Genewein).
[17] 437.

gezogen wird und um die Erklärung „Dominus Iesus". In beiden Fällen stand zur Frage, wie eine legitime Hermeneutik des eigentlich Christlichen und dessen Anspruch auf Wahrheit zu formulieren ist.

Die Auseinandersetzung mit „der" Befreiungstheologie und auch mit dem Konzept seines Schüler Jon Sobrino nahm ein altes Thema in neuer Form auf. Wiederum ging es um die Rolle, die das „Volk und Haus Gottes" in der eschatologischen Heilsgeschichte spielt. Ratzingers religionstheologische und eminent fundamentaltheologische Positionsbestimmung folgt dabei einem Wahrheitsbegriff, der sich in der Spannung zwischen Exklusivität und Toleranz bewegt. Denn der Anspruch des Christentums ist zwar einzigartig; es will aber anerkennen, was in den Religionen wahr und heilig ist. Die Instruktionen, die in Argument und Tonfall deutlich Ratzinger als ihren eigentlichen Autor bekunden, stehen als Quelle nicht allein. Auch seine übrigen theologischen Beiträge verfolgten die Diskussion aufmerksam und lenkten sie durch eigene Akzentsetzungen.

Welche theologische Grundlinie zeigt Ratzingers Kritik bestimmter Tendenzen in der lateinamerikanischen Befreiungstheologie? Diese Kritik verwirft ja weder den theologischen Typ als solchen, noch verkennt sie das ursprüngliche Anliegen ihrer Vertreter. Eine Hermeneutik des Verdachts könnte die Argumentation der Texte nur überlesen und müsste sie als kirchenpolitische Agitation werten. Dann aber entfiele die theologische Auseinandersetzung mit der eigentlichen Sache, deren Gemeinsamkeit den Kontrahenten unbedingt positiv zu unterstellen ist. Eine späte Leseanweisung Ratzingers für seine eigene, früh formulierte und beibehaltene Geschichtstheologie findet sich im Vorwort zu der Neuauflage seiner Habilitationsschrift.

> Aber auch die Frage selbst, die ich bei Bonaventura zu studieren versucht habe, ist zu neuer Aktualität gekommen. H. de Lubac hat den Nachwirkungen Joachims von Fiore umfangreiche Studien gewidmet. So sehr er dies in der Sorgsamkeit und Sachlichkeit des Historikers zu tun sich mühte, kam doch der Anstoß für seine Arbeit aus der Aktualität, die Joachim heute gewonnen hat. Die Frage, ob man als Christ an eine Art von innerweltlicher Vollendung denken könne, ob so etwas wie eine christliche Utopie, eine Synthese von Utopie und Eschatologie möglich sei, kann man vielleicht geradezu als den theologischen Kern der Debatte um die Befreiungstheologie bezeichnen. Nicht zufällig verbindet sich damit wieder ein Disput, wie weit den Orden (besonders den Bettelorden) als Trägern der pneumatologischen Komponente christlicher Existenz im Zugehen auf eine solche neue Geschichtsstunde eine besondere Bedeutung eigne; auch die Frage nach dem Verhältnis von Christus und Geist, nach einem trinitarischen Rhythmus der Geschichte und nach einer pneumatologisch bestimmten Kirchengestalt ist damit verknüpft. [...] Heute wie damals ist dies kein akademischer Disput, sondern ein Ringen darum, wie Geschichte

> recht gestaltet werden kann und wie sie verdorben wird. Bonaventura hat dabei [...] eine sehr differenzierte Position eingenommen und das Denken Joachims keineswegs global verdammt. Er war freilich unerbittlich in der Ablehnung von Bestrebungen, [...] Utopie durch ihre Lebensform selbst vergegenwärtigen zu können. Die in ruhigen Zeiten kaum verständliche Härte Bonaventuras, der seinen (in der Kirche als Seligen verehrten) Vorgänger Johannes von Parma in Haft nehmen ließ, um ihn vor dem Mißbrauch seines Namens und Rufs durch schwärmerisch-radikale Richtungen zu schützen, wird auf diesem Hintergrund begreiflicher, auch wenn wir sie vielleicht nicht billigen mögen.
> So wäre es verlockend, das Thema dieses Buches heute neu aufzunehmen und mit dem Kontext der Gegenwart zu konfrontieren.[18]

Analogien drängen sich hier nicht nur dem Leser auf; Ratzinger hat offenbar selbst die klare Absicht, sie nahezulegen. Bezeichnend ist auch die mehrdimensionale Relecture eines Textes durch seinen Autor: Sie soll die Intention klären, die er in seinen Stellungnahmen im „Kontext der Gegenwart" verfolgte. Sie soll zugleich belegen, wie sehr diese Intention wirklich auch theologisch ist – daher die Analogie zu Bonaventura – und wie konsequent er diese Intention über Jahrzehnte theologisch entfaltet hat. Zeigt sich diese Konsequenz auch im Text der beiden Instruktionen, wenn man dieser Leseanweisung folgt?

Beide Instruktionen verweisen aufeinander. Die erste Instruktion unterzieht die Theologie der Befreiung einer scharfen Kritik, während die zweite ihr theologisches Anliegen theoretisch und praktisch aufnimmt.[19] Wichtiger und prägnanter ist allerdings die erste Instruktion, die auch keine eigentliche Verurteilung der Befreiungstheologie schlechthin enthält. Der Begriff Befreiungstheologie ist ebenso als „ein vollgültiger Ausdruck" akzeptiert[20], wie auf den Plural faktisch verschiedener Befreiungstheologien besonderer deskriptiver Wert gelegt wird[21]. Aber „das letzte und entscheidende Wahrheitskriterium kann letztlich nur selber ein theologisches Kriterium sein"[22], soll ein solcher Ansatz nicht einer fremden Ideologie unterworfen werden. Eben dies geschehe aber, wenn er sich der marxistischen Analyse bediene und mit der universalen Idee des Klassenkampfes auch deren Geschichtsdialektik übernehme. Die theologische Folge: Der Begriff der Heilsgeschichte werde gleichgesetzt mit Geschichte überhaupt oder, was dasselbe ist, ersetzt durch den Begriff der marxistisch verstandenen Profangeschich-

---

18 *Geschichtstheologie 1959*, Vorwort zur Neuauflage. – Systematisch entfaltet findet sich die Argumentation in *Eschatologie und Utopie* (1977) in *Kirche, Ökumene und Politik 1987*, 211-226, bes. 214-221.

19 *Instruktion über christliche Freiheit und Befreiung 1986*, 3.

20 *Instruktion „Theologie der Befreiung" 1984*, 7.

21 Ebd. 13.

22 16.

te. Dann aber wäre das Reich Gottes identisch mit der menschlichen Befreiungsbewegung; Glaube verstehe sich nur noch „als ‚Treue zur Geschichte'" – eine angesichts des Geschichtsdeterminismus wenig sinnvolle Aussage! –, die Entwicklung der Menschheit entspreche einem innerweltlichen Messianismus.[23] Die Eucharistie habe für Angehörige verschiedener Klassen daher keinen Sinn, wenn „die *Armen* der Schrift mit dem *Proletariat* von Marx" verwechselt werden[24]. Diese Volkskirche sei Klassenkirche, nicht Volk Gottes im sakramentalen und hierarchischen Sinn.[25]

Dass ein solches Konzept von Befreiungstheologie, sofern es in dieser radikalen Form vertreten wird, hermeneutisch inkonsistent bleibt und mit seinem totalitären Anspruch eine kirchliche („traditionelle") Theologie ausschließt, leuchtet ein. Nicht in der „Option für die Armen", die Ratzinger entschieden teilt, und auch nicht in der Gründung von Basisgemeinden, die er befürwortet und in München selbst begleitet, sieht er also das eigentliche Problem, sondern in einer verfehlten theologischen Hermeneutik, die einen Totalanspruch für Theorie und Praxis erhebt. Wenn die Heilsgeschichte völlig in der Profangeschichte aufgeht, dann bleibt nur noch eine innerweltliche Vollendung, die um jeden Preis, auch den der Gewalt, herzustellen ist.

Die Argumentation Ratzingers nimmt die ekklesiologischen und eschatologischen Gedanken auf, die er längst entwickelt hatte, bevor die theologische Adaption marxistischer Prämissen ihn vor ein neues Problem stellte. Selbstverständlich griffe diese idealtypische Analyse extremer befreiungstheologischer Tendenzen zu kurz, wenn sie unmittelbar als ein Urteil über die differenzierten Konzepte etwa bei Gustavo Gutierrez oder Clodovis Boff, dem Bruder des später vom Entzug der kirchlichen Lehrerlaubnis betroffenen Ratzinger-Schülers Leonardo Boff, gelesen würde. Aber dies ist auch nicht die Absicht der Instruktion. Sie verurteilt, wie andere lehramtliche Dokumente auch, eine latente Tendenz und nicht explizit ein bestimmtes theologisches Werk. Wer den Stellenwert solcher Texte würdigen will, muss also auch die eigentümliche Hermeneutik lehramtlicher Texte überhaupt berücksichtigen. Am Ende bleibt die heikle, jedoch ganz anders gelagerte Frage, wie es zu einem Urteil über eine bestimmte Theologie und ihren Autor kommen kann, wenn die lehramtlich entwickelten Kriterien im Einzelfall angewendet werden.

Die Erklärung „Dominus Iesus. Über die Einzigkeit und Heilsuniversalität Jesu Christi und der Kirche" vom 6. August 2000 hatte nicht

---

23 19.

24 20.

25 Vgl. 21.

nur eine vergleichbar explosive Wirkung wie die besprochenen Instruktionen. Sie hängt auch sachlich mit ihnen zusammen. Dabei ging es weniger, wie eine spezifisch deutsche Lektüre des Textes glauben wollte, um einen ökumenischen Streitfall, wie er mit der erneut betonten Heilsuniversalität der römisch-katholischen Kirche gegeben zu sein schien.[26] Das Konzilsdekret *Nostra aetate* hatte die nichtchristlichen Religionen gewürdigt und erklärt, „nichts von dem, was in diesen Religionen wahr und heilig ist", zu verwerfen. Damit wurde allerdings noch nicht positiv bestimmt, was genau in ihnen „wahr und heilig" ist. Noch weniger wurde behauptet, der „Strahl jener Wahrheit [...], die alle Menschen erleuchtet" (2,2), relativiere die Einzigartigkeit der Heilsvermittlung in Jesus Christus und in seinem Leib, der Kirche. Von „ordentlichen Heilswegen" der nichtchristlichen Religionen, die den Heilsweg der Kirche ergänzen oder sogar mit ihm legitim konkurrieren, ist weder wörtlich noch sinngemäß die Rede.

Der Text von *Nostra aetate* wurde am 18. November 1965 beschlossen. Ratzingers Beitrag für die Festschrift „Gott in Welt" zum 60. Geburtstag Karl Rahners 1964 ging diesem Dekret zeitlich voraus und bietet eine hilfreiche Leseanweisung, um dessen theologische Tragweite besser einzuschätzen.

> Das Christentum nimmt in seiner Theologie der Religionsgeschichte nicht einfach Partei *für* den Religiösen, *für* den Konservativen, der sich an die Spielregeln seiner ererbten Institutionen hält; das christliche Nein zu den Göttern bedeutet eher eine Option für den Rebellen, der den Ausbruch aus dem Gewohnten um des Gewissens willen wagt: Vielleicht ist dieser revolutionäre Zug des Christentums allzulang unter konservativen Leitbildern verdeckt worden.[27]

Ratzingers Schema der Religionsgeschichte setzt bei den primitiven religiösen Erfahrungen und ihrer Entfaltung in den mythischen Reli-

---

[26] Der konziliare Ausdruck, die vollständige Wirklichkeit von Kirche „subsistiere" in der römisch-katholischen Kirche, stiftete eine Verwirrung, die bei einiger Kenntnis der Kirchenkonstitution *Lumen gentium* nicht nötig gewesen wäre. Da es darum ging, die konkrete Universalität der Offenbarung in der Kirche herauszustellen, spricht das Dokument eben auch von der „Einzigartigkeit und Einheit der Kirche" (*Dominus Iesus 2000*, 21-24). Sie unterscheidet dabei zwischen echten Teilkirchen (im Blick auf die Orthodoxie) und kirchlichen Gemeinschaften (im Blick auf die Reformation), deren Selbstverständnis gerade nicht durch den konziliaren Begriff von Kirche ausgedrückt werden kann, die aber durch die gemeinsame Taufe in einer „nicht vollkommenen Gemeinschaft mit der Kirche" (23) stehen.

[27] *Der christliche Glaube und die Weltreligionen 1964*, 64. Der Text bildet auch das erste Kapitel von *Glaube – Wahrheit – Toleranz 2003*, 14-37. Insofern dokumentiert auch dieses Text-Recycling und seine neue Kontextualisierung, wie kontinuierlich Ratzinger die einmal bezogene Position ausbaut und ihre Perspektiven entfaltet.

gionen an. Aus ihnen breche die Mystik aus, die dem Einen über allem Erfahrbaren gilt. Die monotheistische Revolution dagegen verwerfe den Mythos als bloß menschliches Konzept und setze stattdessen den Anruf Gottes an den Propheten voraus, also Offenbarung im eigentlichen Sinne. Die Aufklärung konkurriere nun kritisch mit beiden, mit der Mystik wie mit dem prophetischem Monotheismus, indem sie die Absolutheit und Einheit der Vernunfterkenntnis vertrete.[28] Eine rationale Entscheidung zwischen Mystik und Monotheismus sei nun nicht möglich, weil dafür gerade die Absolutheit dieser Vernunft vorauszusetzen wäre. Das bedeutet: Mystik und Offenbarung konkurrieren faktisch miteinander. Dabei müsse die Mystik ihrerseits eine Offenbarung des Einen ausschließen, weil sie dieses Eine ja gerade jenseits alles Konkreten und Sagbaren erfahren wolle. Die Träger der Offenbarung aber wie Abraham, Isaak und Jakob müssten selbst „keine ‚großen religiösen Persönlichkeiten'“ sein, denn sie verstünden sich als Adressaten der Offenbarung Gottes, der aus ihnen eben das mache, was sie sein sollen. Nicht die Tiefe der Erfahrung, sondern das Hören der Offenbarung und damit der Gehorsam ihr gegenüber zähle.

> Während in den mystischen Religionen der Mystiker „erster Hand“ und der Gläubige „zweiter Hand“ ist, ist hier „erster Hand“ überhaupt nur Gott selbst. Die Menschen sind samt und sonders zweiter Hand: Hörige des göttlichen Rufs.[29]

Sie sind also nicht „Hörer des Wortes“ etwa in der religionsphilosophischen Sicht Karl Rahners, wie die Formulierung leise kritisch mitklingen lässt, sondern ausdrücklich und anstößig „Hörige“. Sie sind der einen konkreten Person Jesus Christus verpflichtet, weil sie in allen Stimmen der Offenbarung nur auf ihn hören und ihm folgen. So ist die Wahrheit zunächst eine geschichtliche Person, aber kein transzendentaler Begriff. Darum kann es in einer christlichen Mystik auch nicht darum gehen, das endgültige Ziel in einer „Identitätserfahrung“ zu suchen. Das Geschöpf als Adressat der Offenbarung weiß sich doch, je näher es seinem Schöpfer und Offenbarer tritt, um so mehr von ihm restlos verschieden; aber gerade in dieser Verschiedenheit wird es wirklich geliebt als das, was es ist und bleibt: Geschöpf.

Ratzinger lehnt auch eine denkbare Evolution der religiösen Konzepte ab, die alle mythischen und polytheistischen Wege zuletzt zum Einen führen und in das Schweigen über dessen unaussprechliche (und deswegen über jedem Kult stehende) Einheit münden lässt. Die tatsächliche Vielheit wäre dann auf ihre letzte und verborgene Einheit hin

---

[28] Vgl. *Der christliche Glaube und die Weltreligionen 1964*, 67-72.

[29] 81/82.

durchschaut. Beide, der Anspruch auf Einheit und die wirkliche Vielheit, könnten dann friedlich nebeneinander koexistieren, obwohl sie sich dem Begriff nach ausschließen.[30] Diese äußerst dichte religionsphänomenologische Schematik, die in Ratzingers Argumentation entwickelt wird, verdankt sich auch den religionswissenschaftlichen Studien, zu denen ihn der ehemalige Bonner Kollege und Indologe Paul Hacker anregte.

Die Instruktionen über die Theologie der Befreiung und die Erklärung über die pluralistische Theologie der Religionen liegen nicht zufällig auf einer Linie. Ratzinger selbst stellt den fundamentalen theologischen Zusammenhang zwischen beiden heraus, der sich bereits im Umfeld des Konzils abzeichnete.

> Wo Politik Erlösung sein möchte, verspricht sie zuviel. [...] Die politischen Ereignisse von 1989 haben damit auch die theologische Szenerie verändert. Der Marxismus war der bisher letzte Versuch gewesen, eine allgemein gültige Formel für die richtige Gestaltung geschichtlichen Handelns zu geben. [...] Alle unerfüllten Verheißungen der Religionen schienen durch eine wissenschaftlich begründete politische Praxis einlösbar. Der Sturz dieser Hoffnung mußte eine ungeheure Ernüchterung mit sich bringen, die noch längst nicht verarbeitet ist. Ich halte es für durchaus denkbar, daß neue Formen des marxistischen Weltbildes auf uns zukommen werden. Fürs erste blieb Ratlosigkeit zurück. Das Versagen des einzigen Systems einer wissenschaftlich fundierten Lösung der menschlichen Probleme konnte nur den Nihilismus oder jedenfalls den totalen Relativismus ins Recht setzen.[31]

Während die Theologie der Befreiung zu einer totalen Orthopraxis, zu einem umfassenden und tendenziell totalitären politischen Handeln führt, geht der religiöse Relativismus einen anderen und entgegengesetzten Weg. Die Orthodoxie besteht nun darin, auf politische Praxis zu verzichten. Dabei wird aber nicht nur der rebellische und „revolutionäre Zug" des Christentums aufgegeben, sondern auch dessen Wahrheitsanspruch. Wenn die Pluralität der Heilswege legitim ist, dann koexistieren sie friedlich, aber auch politisch belanglos miteinander. Die neue Totalität ist rein „theoretisch", denn sie besteht in der Einsicht, dass alle verschiedenen Wege zu dem einen Ziel führen und also Heilswege sind. Die faktische Pluralität der Religionen wird als grundsätzlicher und legitimer Pluralismus deklariert – ein Anspruch auf eine Meta-Erkenntnis, deren Exklusivität nun wirklich total ist.

Ratzingers vielzitiertes Diktum von der „Diktatur des Relativismus", am Vorabend seiner Papstwahl ausgesprochen, trifft diese Denk-

---

30 Vgl. 74/75.

31 *Glaube – Wahrheit – Toleranz 2003*, 94.

figur in ihrer Struktur. Nicht die Relativität, also die Bezüglichkeit verschiedener Größen aufeinander, sondern die Ausschließlichkeit dieser Relativität wird behauptet. Damit wird nun doch wieder eine Position eingenommen, die ihrerseits, wenn sie gelten soll, nicht relativ sein kann. Diese Operation ist mindestens logisch riskant; wenn sie konsequent vorgetragen wird, ist sie logisch zirkulär. Aber dieser formale Einwand trifft noch nicht das tiefere Anliegen einer pluralistischen Theologie der Religionen; auch dessen Voraussetzungen kommen so nicht in den Blick.

Die pluralistische Theologie der Religionen will in den nichtchristlichen Religionen selbst und nicht nur in der philosophischen oder ethischen, dem Gewissen verpflichteten Wahrheitssuche, die Spuren oder Samenkörner des göttlichen Logos oder Pneuma finden. Der Gedanke greift offenkundig einen Topos der Kirchenväter auf, die auf diese Weise an den philosophischen Logos der Griechen und damit auch an die eigene Tradition anknüpfen wollten: Der Logos der Schrift und der Logos der Vernunft seien letztlich ein und derselbe Logos. Aber dieser Gedanke wird nun nicht nur aus seinem Kontext gerissen, sondern auch verfälscht. Denn die Philosophie wie der biblische Glaube beanspruchen eine Erkenntnis, die zu einer fundamentalen Kritik am Mythos und seinen polytheistischen Entfaltungen führte. Das Denken des Einen folgt aus der vernünftigen Einheit des Denkens. Die Vernunft erlaubt es gerade nicht, in den vielen Göttern einen legitimen Ausdruck der einen Wahrheit zu sehen. Dieses Argument fand sich bereits in Ratzingers Bonner Antrittsvorlesung von 1959. Er wendete ihn nun gegen den Pluralismus der Religionentheologie, weil hier das Väterargument nicht nur sachfremd benutzt, sondern mit der Einheit der Vernunft auch die Einheit der Wahrheit zu Gunsten vieler „Wahrheiten“ oder Optionen aufgegeben wird. Dann kann aber nicht länger von der Einzigartigkeit des biblischen Gottes der Offenbarung, von Jesus Christus als Offenbarung seines Mensch gewordenen Wortes oder von der Gegenwart dieser Einzigartigkeit in seiner Kirche gesprochen werden. Wenn die Pluralität als legitime Vielfalt der Erscheinungen gilt, in denen sich eine als solche unzugängliche Wahrheit zeigt, dann ist ein Pluralismus unvermeidlich: Keine dieser Erscheinungen enthält die Wahrheit wirklich und verbindlich, alle bleiben sie überholbar und vorläufig nebeneinander stehen.

Eine solche Aussage liegt allerdings jenseits jeder Religionsphänomenologie, die die geschichtlichen Gestalten der jeweiligen Religionen beschreibt und würdigt. Vielmehr wird hier wiederum das Konzept eines *deus otiosus* bzw. einer Hochreligion aufgenommen. Hier liegt nun der tiefere Widerspruch des Ansatzes: 1. Er will die Religionen unter Bezug auf ein gemeinsames Letztes, das aber nicht erkennbar sei, weil es sich nicht zu erkennen gebe, relativieren und versöhnen. Der vom Konzil herausgestellte „allgemeine Heilswille Gottes" erreiche die Menschen in ihren Kulturen und Religionen auf verschiedene Weise, nicht aber „exklusiv" allein durch seine Offenbarung in Christus und auch nicht „inklusiv" in der Weise, dass alle übrigen Religionen und Orientierungen auf diese Offenbarung hingeordnet seien. 2. Sein ungeschichtliches Denken setzt aber nicht bei den äußerst divergenten Ansprüchen der „Religionen" (ein eurozentristischer und unscharfer Begriff!) und ihrer „Gläubigen" an (falls es dabei wirklich um „Glauben" und nicht doch um Kult oder Kultur geht!). 3. Zudem erhebt dieser Pluralismus einen Totalanspruch. Bei aller Relativierung der Einheit der Vernunft und der Wahrheitsfrage will er ausdrücklich jede konkurrierende Theorie mit logischen Gründen zwingend ausschließen.[32]

Dieser Versuch, Ratzingers Einsprüche gegen das pluralistische Konzept zu systematisieren[33], lässt sich noch ergänzen. Die biblisch-christliche Offenbarung gilt nicht religiösen Virtuosen, sondern Adressaten, die so zu „Hörigen" des ergangenen Offenbarungswortes werden. Sie werden ausgegrenzt und unterschieden aus den jeweiligen Kontexten ihrer Religion und Kultur, in denen sie leben. Das rebellische und revolutionäre, also von Grund auf politisch-theologische Moment dieser Offenbarung betont auch Ratzinger. Durch dieses Moment unterscheidet sich der Glaube im Einen Bund von den vielen Religionen, die faktisch ja durchaus nicht friedlich und polytheistisch miteinander koexistieren, sondern im Gegenteil meist gewaltsam konkurrieren und die jeweils unterlegene Religion assimilieren. Der Heidelberger Ägyptologe Jan Assmann spielte die pluralistische Idee Ägyptens gegen den Alleinanspruch Israels aus, den er als die „mosaische Unterscheidung" bezeichnete. Dabei schien ihm zu entgehen, dass er eine politische Theologie der Herrschaft („Ägypten") gegen eine politische Theologie der Befreiung im Exodus („Israel") stellte. Gerade die „mosaische Unterscheidung" erhebt nicht nur einen Vernunftanspruch, sondern stellt auch die scheinbar „versöhnte Verschiedenheit" des Polytheismus als Herrschaftskonzept in Frage. Wenn diese Unterscheidung aber aufgegeben wird, so folgt

> nicht die Allversöhnung, sondern die Unversöhnbarkeit des Alls. Denn nun ist das Sein selbst widersprüchlich, der Krieg kommt aus dem Sein selbst, gut und böse werden letztlich ununterscheidbar.[34]

---

[32] Dazu wird ein Trilemma konstruiert, das zwischen „Exklusivismus", „Inklusivismus" und „Pluralismus" unterscheidet und als „logisch exhaustiv" (alle logischen Möglichkeiten erschöpfend) gelten soll.

[33] Vgl. *Glaube – Wahrheit – Toleranz 2003*, 46-65, 112-130.

[34] Ebd. 179.

Insgesamt stehen sich hier zwei Konzepte entgegen, die einander definitiv ausschließen: die Optionen gegen oder für die Einheit der Vernunft. Zwar kann die Option für die Einheit der Vernunft nicht nochmals vernünftig begründet werden. Sie kann aber auch nicht aus vernünftigen Gründen aufgegeben werden. Gegen die pluralistische Option spricht außerdem, dass sie ihre eigene Option zugleich als einzig logisch konsistente Position und damit doch wieder als eine Meta-Vernunft behauptet. Woher sollte dieses Wissen stammen, das alle Philosophie und Religion übersteigen will (und dessen Anspruch vielleicht nicht zufällig an die spätantike „Gnosis" erinnert)?

Die Erklärung *Dominus Iesus* benennt die Prämissen, von denen eine pluralistische Theologie der Religionen ausgeht. Gott bleibe unfassbar auch für die christliche Offenbarung. Darum könne sie auch keine wirkliche Offenbarung Gottes im Sinne einer Selbstoffenbarung sein, in der Gott sich ganz dem Adressaten gibt und mit ihm endgültig und einzigartig verbündet. Entsprechend gehe der Pluralismus nicht davon aus, dass es in der Geschichte „endgültige und eschatologische Ereignisse" gebe. Die Menschwerdung des Logos verkürze sich „zu einer bloßen Erscheinung Gottes in der Geschichte"[35] Diese Erscheinung sei mit ihrem Leib nicht eins und daher ebenso „spirituell" wie „relativ" im Blick auf andere mögliche oder wirkliche Erscheinungen.

Wenn diese Analyse richtig ist, gibt die pluralistische Theologie der Religionen hier die Grundlage des christlichen Credo auf.[36] Wird der Glaube bloß „theologal" verstanden als eine Überzeugung von bestimmten Glaubens*inhalten* („Für-wahr-halten") und nicht als wirklicher *Glaubens*bezug auf Gott, dann scheint er auch vergleichbar mit der so genannten „inneren Überzeugung" in anderen Religionen. Der Glaube als Form und Ausdruck einer individuellen und kollektiven Gottesbeziehung, die von Gott selbst eröffnet wird, kommt dann aber nicht mehr als entscheidender Unterschied vor.[37] Ähnlich werden die heiligen Schriften anderer Religionen mit der Heiligen Schrift insofern gleichgesetzt, als auch ihnen ein „inspirierter Wert" unterstellt und somit das konstitutive Wirken des Heiligen Geistes in anderen Religionen behauptet wird. Die begrifflichen Unklarheiten dieser Hypothese und der verwendete mehrdeutige Begriff von Offenbarung liegen auf der Hand.[38] Unter diesen Voraussetzungen erscheine es möglich, „einerseits die Universalität des christlichen Heils und andererseits die Tatsache des religiösen Pluralismus zu rechtfertigen". Dabei wird „un-

---

35 *Dominus Iesus 2000*, 5/6.

36 Vgl. ebd. 8.

37 Vgl. 9/10.

38 Vgl. 10/11.

terschieden zwischen einer Heilsordnung des ewigen Wortes, die auch außerhalb der Kirche und ohne Beziehung zu ihr gelte, und einer Heilsordnung des Fleisch gewordenen Wortes", wobei Gott in der erstgenannten Heilsordnung „universaler" und „in reicherem Maß gegenwärtig" sei.[39] Auch eine universale Heilsordnung des Heiligen Geistes werde vertreten, die weiter als die zweite genannte Heilsordnung reiche.[40] Kurz: Sowohl im Blick auf den Logos (Gott der Sohn) und auf das Pneuma (Gott der Heilige Geist) wird jeweils eine Universalität behauptet, die weiter reichen soll als der Leib Christi in seiner Menschwerdung und in seiner kirchlichen Gegenwart.

Hier kann es aber aus logischen Gründen keinen Komparativ verschieden weit gefasster Universalitäten (also alles umfassender Ansprüche) geben. Die pluralistische These meint also, das universale Heil könne weder durch die Menschwerdung Christi noch durch die Kirche gültig, also gerade nicht innerhalb der Geschichte vermittelt werden. Was soll aber „Offenbarung" bedeuten, wenn das Wesentliche nicht nur faktisch ungesagt bleibt, sondern prinzipiell unsagbar ist? Dann sind alle dahingehenden Ansprüche gleich gültig und eben deswegen gleichgültig – sie sagen gleich wenig und genau genommen eben nichts, wenn es nichts zu sagen gibt. Darum widerspreche es

> dem katholischen Glauben [...], die Kirche als einen Heilsweg neben jenen in den anderen Religionen zu betrachten, die komplementär zur Kirche, ja im Grunde ihr gleichwertig wären, insofern sie mit dieser zum eschatologischen Reich Gottes konvergierten.[41]

Für den interreligiösen Dialog gebe es zwar die Voraussetzung der Parität; sie beziehe sich aber „auf die gleiche personale Würde der Partner, nicht auf die Lehrinhalte und noch weniger auf Jesus Christus, den Mensch gewordenen Sohn Gottes, im Vergleich zu den Gründern der anderen Religionen"[42].

Die Erklärung beschränkt sich nicht auf lehramtspositivistische Anmerkungen, sondern sucht das Anliegen der pluralistischen Religionentheologie argumentativ zu würdigen und von seinen Voraussetzungen her kritisch aufzuarbeiten. Ähnliches gilt auch für so genannte „Notifikationen", Anmerkungen also, die dem Autor eines Textes zugestellt werden, dessen Positionen in der Sicht der Glaubenskongregation problematisch erscheinen. Unmittelbar nach der Veröffentlichung von *Dominus Iesus* erhielt Jacques Dupuis SJ eine solche Notifikation (24. Januar 2001). Anlass war sein Buch „Towards a Christian Theolo-

[39] 12.
[40] 15.
[41] 29.
[42] 31.

gy of Religious Pluralism", in dem der belgische Theologe und Professor der Gregoriana in Rom die theologische Summe einer fast vierzigjährigen Lehrtätigkeit in Indien zog.

> The present *Notification* is not meant as a judgement on the author's subjective thought, but rather as a statement of the Church's teaching on certain aspects of the above-mentioned doctrinal truths, and as a refutation of erroneous or harmful opinions, which, prescinding from the author's intentions, could be derived from reading the ambigous statements and insufficient explanations found in certain sections of the text. In this way, Catholic readers will be given solid criteria for judgement, consistent with the doctrine of the Church, in order to avoid the serious confusion and misunderstanding which could result from reading the book.[43]

Der vornehme Ton täuscht gewiss nicht über die verhandelte Sache hinweg, die deutlich in acht thesenartigen Sätzen benannt wird, vor allem die Gefahr, ein Heilswirken des göttlichen Logos außerhalb der Menschlichkeit des inkarnierten Wortes anzunehmen.[44] Aber die Sätze werden als limitierende Leseanweisungen auch für den Autor vorgetragen; sie lassen somit den Spielraum offen, seinen Text in Einklang mit der angemahnten kirchlichen Lehre zu verstehen und entsprechend zu verdeutlichen. So geschah es in diesem Fall. Jacques Dupuis nahm die Notifikation an und unterzeichnete sie.

Eine Texthermeneutik, wie sie hier beschrieben wurde, ist als Leseanweisung für ein angemessenes Verstehen gemeint. Ratzinger bietet sie an anderer Stelle zwar nicht in seiner Rolle als Präfekt der Glaubenskongregation, aber als theologischer Interpret der Enzyklika *Fides et ratio* (14. September 1998) von Johannes Paul II. Auch hier geht es um das Anliegen einer pluralistischen Theologie der Religionen und die bereits angesprochenen Aspekte, aber vor allem um die Vernünftigkeit eines Glaubens, der einen universalen Wahrheitsanspruch für einen konkreten Glauben erhebt und dabei doch „nur" partikuläre Sätze formulieren kann.

> Die Enzyklika spricht von einer ‚Kreisbewegung' zwischen Theologie und Philosophie und versteht sie in dem Sinn, daß die Theologie immer zuerst vom Wort Gottes ausgehen muß, aber da dieses Wort Wahrheit ist, wird sie es in Beziehung setzen zur menschlichen Wahrheitssuche, zum Ringen der Vernunft um Wahrheit und es so in den Dialog der Philosophie hineinstellen.[45]

---

[43] Appendix 1, Congregation for the Doctrine of the Faith, Notification on the Book *Towards a Christian Theology of Religious Pluralism* by Father Jacques Dupuis, S.J., in: Jacques Dupuis SJ, *Towards a Christian Theology of Religious Pluralism*, New York ²2002, 434-438, hier 435.

[44] Vgl. ebd. 436.

[45] *Glaube – Wahrheit – Toleranz 2003*, 168.

Damit wird noch einmal das Anliegen angesprochen, das die Kirchenväter mit ihrem Satz von den Samenkörnern der göttlichen Wahrheit formulierten und das die pluralistische Theologie auf problematische Weise auf die verschiedenen Religionen anzuwenden suchte. Die eine Vernunft kann nur auf die eine Wahrheit zielen. Das bedeutet nicht, dass sie dieses Ziel tatsächlich erreicht oder auch nur diesen Anspruch formuliert. Aber die eine Wahrheit lässt sich nicht einfach und von vornherein mit den konkurrierenden Ansprüchen der Religionen identifizieren, wenn sie im konkreten Fall wirklich gelten soll.

Interview, Predigt und Katechese

Ratzingers Anmerkungen zum theologischen Diskurs beschränken sich nicht auf amtliche Urteile oder Verurteilungen, auch wenn solche finalen Sätze zum schwierigen Geschäft der Glaubenskongregation gehören. Über Thematisierung und Anathematisierung, über das Benennen und das „Verurteilen" hinaus versuchen sie, einen größeren Kontext herzustellen und in ihm das Verstehen zu üben. Damit kehrt allerdings die rollenbedingte Ambivalenz solcher Wortmeldungen, mögen sie nun amtliche Erklärungen oder persönliche theologische Beiträge sein, nochmals zurück. Hinter bloßen Amtsentscheiden kann sich die Theologie dessen, der die Entscheidung trifft, leichter verbergen. Im Gutachten des Präfekten spricht dagegen immer und unverwechselbar der Theologe Ratzinger mit; in seinen theologischen Beiträgen wird immer auch der Präfekt mitgehört. In den Predigten, Katechesen und Meditationen verdreifacht sich das Rollenset, wenn Ratzinger als Priester, als Bischof und Kardinal spricht. Dies gilt auch für die Art, wie seine Texte in verschiedenen Zusammenstellungen jeweils neu als Bücher kontextualisiert werden. Es wäre zu einfach, dafür nur den Ratzinger- oder Benedikt-Boom einiger Verlage verantwortlich zu machen und nicht auch das Anliegen zu sehen, im theologischen und im allgemeinverständlichen Gespräch präsent zu sein.

Eine ganz eigene Gattung des theologischen Dialogs stellen die Interviews dar, die Ratzinger den Journalisten Vittorio Messori und Peter Seewald gab. In ihnen kommt der Kontext häufig zu Wort, nicht selten auch die persönliche Betroffenheit von Menschen und Problemlagen. Bezeichnend ist der geradezu systematische Charakter dieser dokumentierten und in Buchform veröffentlichen Gespräche. Sie handeln Themenbereiche ab, die den Präfekten beruflich und persönlich interessieren. Das geschliffene Wort und die stringente Argumentation entstehen im Augenblick des Gesprächs; sie greifen bei aller Offenheit und Variationsbreite aber zurück auf die gerade bei Ratzinger erstaunlich konstanten Prinzipien seiner Theologie. Geschriebener Text und gesprochenes Wort unterscheiden sich in der Tonlage kaum. Das erste Großinterview dieser Art führte Ratzinger zu Beginn seiner römischen Zeit mit Vittorio Messori („Rapporto sulla fede", Milano 1984) und erschien als deutscher Bericht „Zur Lage des Glaubens" ein Jahr später – „ein Stück Dialog", der wiederum „Anstoß zu lebhaften Gesprächen" gab, wie Ratzinger im deutschen Vorwort sagt.[46] Die Themen reichen weit und werden unprätentios besprochen: der Dienst des Präfekten, das Konzil und die Kirchenreform, die Frau in der Kirche, die Liturgie, die „letzten Dinge" und die Theologie der Befreiung.

Ähnliches gilt für Peter Seewalds mitgeschnittenes Großinterview über Ratzingers Person, seine Sicht auf die Probleme der Kirche und seine Zukunftsoptionen, das etwa zwölf Jahre (1996) später entstand.[47] Ein eigenartiges Produkt ist Seewalds zweites Interview, das nun ganz der Sache des Glaubens gilt.[48] Seewald, zwischenzeitlich „zur katholischen Kirche zurückgekehrt", wie Ratzinger im Vorwort bemerkt, provoziert mit einem systematischen Fragenkatalog eine Art nachträglichen Katechumatsunterricht. Der Prolog über Glaube, Hoffnung und Liebe führt hin zur Hermeneutik des Glaubens, die drei Hauptteile folgen eng den drei Artikeln des Glaubensbekenntnisses. Unverkennbar gab die „Einleitung in das Christentum" das Modell ab; das Ergebnis war eine Mystagogie in Gesprächsform. Sie zeigte den Theologen Ratzinger letztlich als Seelsorger, der den Glauben der Kirche systematisch und argumentativ entwickelt, aber deutlich als seinen persönlichen Glauben bekennt. Die Kunst, beides zu unterscheiden und doch nicht voneinander zu trennen, erzeugt eine theologisch anspruchsvolle Relecture der fundamentaltheologischen Vorlesung von 1968. Sie bietet aber auch Gelegenheit, die bekannten theologischen Prinzipien neu anzuwenden und weiter zu entwickeln.

Das Ahauser Gespräch mit Johann Baptist Metz (1998) und das Münchner Gespräch mit Jürgen Habermas (2004) standen am Ende dieser Versuche, Position im Dialog zu beziehen. Als Versuch, diese für Ratzinger typische Kultur des theologischen Gesprächs auch als Papst aufzunehmen, darf sein deutschsprachiges Fernseh-Interview aus Castel Gandolfo vom 14. August 2006 gelten, das von etwa sechs Millionen Zuschauern verfolgt wurde.

Das Münchner Gespräch mit Jürgen Habermas vom 19. Januar 2004 über Vernunft und Religion bündelt nochmals einige vernunftkritische Motive Ratzingers: Misstrauen gegenüber der rettenden Macht von

---

46 *Zur Lage des Glaubens 1985*, 6.
47 *Salz der Erde 1996*.
48 *Gott und die Welt 2000*.

Religion allein wie auch gegenüber der reinen Vernunft.[49] Er nannte das naturrechtliche Instrument der katholischen Kirche „stumpf": Natur sei als solche eben nicht „vernünftig", der Rückgriff auf die „natürliche Vernunft" biete wenig Anhalt.[50] Was in der Bonner Antrittsvorlesung 1959 zur *theologia naturalis* noch leise angeklungen war, erschien jetzt als Fazit. Genauer heißt dies: Was die Vernunft laut Ulpian alle Lebewesen lehre, sage gerade nichts über das spezifische Menschliche, nämlich über seine Rechte und seine Würde.[51] Die „säkulare Kultur einer strengen Rationalität", wie Habermas sie vertrete, sei zwar noch immer dominant. Sie tendiere aber faktisch dazu, eine regionale Kultur im interkulturellen Raum zu werden.[52] Faktisch stehen sowohl der christliche als auch der rationale Anspruch auf Universalität zur Frage.[53] Pathologisch seien faktisch beide, der Glaube ebenso wie die Vernunft. Sie haben die Chance, sich gegenseitig an ihre Grenzen zu erinnern – ein Motiv, das Ratzingers aus der Enzykika *Fides et ratio* aufnahm.[54]

> Ohne Zweifel sind die beiden Hauptpartner in dieser Korrelationalität der christliche Glaube und die westliche säkulare Rationalität. Das kann und muss man ohne falschen Eurozentrismus sagen. Beide bestimmen die Weltsituation in einem Maß wie keine andere der kulturellen Kräfte. Aber das bedeutet doch nicht, dass man die anderen Kulturen als eine Art „quantité négligeable" beiseite schieben dürfte. Dies wäre nun doch eine westliche Hybris, die wir teuer bezahlen würden und zum Teil schon bezahlen. Es ist für die beiden großen Komponenten der westlichen Kultur wichtig, sich auf ein *Hören*, eine wahre Korrelationalität einzulassen. Es ist wichtig, sie in den Versuch einer polyphonen Korrelation hineinzunehmen, in der sie sich selbst der wesentlichen Komplementarität von Vernunft und Glaube öffnen, so dass ein universaler Prozess der Reinigungen wachsen kann, in dem letztlich die von allen Menschen irgendwie gekannten oder geahnten wesentlichen Werte und Normen neue Leuchtkraft gewinnen können, so dass wieder zu wirksamer Kraft in der Menschheit kommen kann, was die Welt zusammenhält.[55]

Vernunft und Glaube bleiben also aufeinander verwiesen. Ratzinger vertritt also auch im interkulturellen Polylog die universalen Ansprüche beider Seiten, ohne Glaube und Vernunft zu regionalisieren und ihnen verschiedene Segmente der Wirklichkeit zuzuweisen – der Glau-

---

[49] *Dialektik der Säkularisierung 2005*, 47.
[50] Ebd. 50.
[51] 51.
[52] 53.
[53] 54.
[54] 57.
[55] 57/58.

be etwa für den Bereich der Kirche oder die „Privatsache", die Vernunft für Gesellschaft und Öffentlichkeit. Zum anderen fordert er, was er „eine polyphone Korrelation" nennt: ein offenes vielseitiges Gespräch, einen „Polylog" der Kulturen, bei dem alle Beteiligten sich den Ansprüchen der jeweils anderen öffnen. Dieser Polylog soll ein wechselseitiger „Prozess der Reinigungen" sein, aber nicht eine globale Fusion im Zeichen eines Welt-Glaubens oder einer Welt-Vernunft. Er zielt also nicht auf ein abstraktes „Weltethos" im Sinne Hans Küngs, sondern auf ein wirkliches Gespräch. Dieses Gespräch steht unter einem Wahrheitsanspruch, der allen gilt. Darum sind die Teilnehmer, die diesen Wahrheitsanspruch akzeptieren, auch ihrerseits zu akzeptieren. Im Münchner Gespräch wurde von beiden Dialogpartnern demonstriert, wie die vernünftige, für den Glauben offene oder schon von ihm bestimmte Kultur des Gesprächs aussehen kann.

Unterscheiden sich Ratzingers Predigten von seinen Vorträgen, deren gesprochenes Wort auf den geschliffenen Essay zielt? Kaum, wie insbesondere die Predigten zeigen, die er zur Bestattung etwa von Gottlieb Söhngen, Hans Urs von Balthasar und Papst Johannes Paul II. hielt. Der Unterschied liegt eher in der meditativen Knappheit, die dem liturgischen Anlass geschuldet ist, nicht aber im argumentativen Anspruch und auch nicht in der Sprache. Noch steht eine möglichst vollständige Edition der Werke Ratzingers aus, die editorische Klarheit für die Anlässe, Orte und Erstpublikationen bringt. So wird es häufig schwer zu entscheiden sein, ob ein Kapitel der zahlreichen Sammelbände einen Vortrag oder eine Predigt enthält. Der Texte selbst wechseln nicht den Tonfall; meist scheinen sie die Ambivalenz der verschiedenen Rollen, die der Redner oder Prediger einnimmt, mühelos und spurlos zu überspielen. Anders gesagt: Der Theologe Ratzinger fällt auffallend selten in einen theologischen Fachjargon, abgesehen vielleicht von den zusammenhängend ausgeführten Schriften. Der Redner oder Prediger verleugnet aber auch den akademischen Theologen nie, indem er die argumentative Stringenz in eine vordergründige homiletische Gefälligkeit auflöst.

Dieser einheitliche Anspruch mutet den jeweiligen Adressaten einiges zu. Er würdigt sie aber auch als mitdenkende Teilnehmer und zieht sie so ins Gespräch. Die Verbindlichkeit, die Ratzinger im persönlichen Umgang wohl immer bewiesen hat, zeigt sich in hier in der doppelten Bedeutung des Wortes: verbindlich, nämlich in der Sache entschieden und klar bis zur Provokation, ist der Gedanke, verbindlich aber auch die Art, wie er seinen jeweiligen Adressaten nahegelegt wird.

Auch Ratzingers Meditationen sind, bei aller Schlichtheit der Diktion, theologische Essays. Sie bewegen sich argumentativ um dieselbe

Mitte, um die auch seine unmittelbaren Beiträge zum fachlichen Diskurs kreisen. Seine „Theologische Grundlegung einer spirituellen Christologie“ entwickelt in Thesenform den christologischen Ansatz, der auch dem späteren Buch „Jesus von Nazareth“ (2007) zu Grunde liegt. Sie entfaltet aber auch meditativ den theologischen Sinn der Herz-Jesu-Frömmigkeit. Diese Denkbewegung ist bezeichnend: Die Theologie reflektiert eine kirchliche Frömmigkeitspraxis, um von der gewonnenen Einsicht her diese Praxis wiederum neu zu erschließen. Die meditativen Entfaltungen bzw. Predigten betonen weniger den Bezug zum aktuellen theologischen Diskurs und seinen argumentativen Strategien; sie erschließen viel mehr die vorgegebenen Schrifttexte nach einer Hermeneutik, die an den Kirchenvätern geschult ist und von Christus her die „typologischen“ Zusammenhänge entfaltet.[56]

Das Changieren der Textgattungen, wenn sie im modernen Sinne verstanden und unterschieden werden, mag als Nachteil empfunden werden, so als könne sich hier ein Autor nicht eindeutig zwischen Theologie und Katechese entscheiden. Aber ist diese Unterscheidung wirklich so eindeutig möglich? Ist sie überhaupt zwingend oder sinnvoll, wenn Katechese von der frühen Taufkatechese her als „Einführung in das Christentum“ verstanden wird? Dann wird sich eine solche Einführung, die immer Mystagogie ist und zum *Mysterium fidei* hinleiten will, nicht von einer argumentativen Entfaltung trennen lassen.[57]

Die Katechese selbst ist also Theologie, die an ihrem ursprünglichen Ort, nämlich bei der kirchlichen Einführung des Taufbewerbers in das Mysterium des Leibes Christi, betrieben wird. Dass Ratzinger von 1986 bis 1992 die Päpstliche Kommission zur Erstellung des „Katechismus der Katholischen Kirche“ (1997) leitete, lässt sich zwar ohne weiteres durch sein Amt erklären. Die Aufgabe, eine Weltkatechese bzw. dieses weltkirchliche Modell der Katechese zu erarbeiten, lag aber formal und inhaltlich durchaus in der Linie seiner Theologie. Dieser Versuch, das Ganze des Glaubens vorzulegen, ergänzte die Aufgabe, im jeweiligen Einzelfall eine Theologie negativ auf ihre faktischen Grenzen zu verweisen und ihr den größeren Horizont des kirchlichen Glaubens positiv nahezulegen. Die Aufgabe der Katechese gehört unmittelbar hinein

[56] Der von Hans Urs von Balthasar angeregte Sammelband *Schauen auf den Durchbohrten 1984* zeigt exemplarisch das argumentative Gefälle der Texte, aber auch ihre Verwiesenheit aufeinander. Leider gibt es bisher keine Dokumentation der Predigten und ihrer Anlässe. Es ist, wie bereits gesagt, nicht immer eindeutig, inwiefern es sich jeweils um einen Essay, eine Predigt oder eine Meditation handelt. Vgl. *Im Anfang 1996*, *Gott ist uns nah 2001*, *Unterwegs zu Jesus Christus 2003*, *Der Anfang 2005*, *Die Psalmen 2006*.

[57] Im Vorwort zur Textsammlung *Dogma und Verkündigung 1973* spricht Ratzinger über die „Aufgabe einer materialen Kerygmatik“, die vom Dogma zur Predigt und Katechese führen solle (7).

in die Aufgabe des Lehramtes, die Schrift auszulegen und ihre Botschaft lebendig zu tradieren. Dabei bildet die klassische Lehre von den vier Schriftsinnen das formale Gerüst dieser amtlichen Tradition, die ja prinzipiell Schrifthermeneutik sein will. Die vier Schriftsinne beziehen sich 1. auf den Literalsinn und das, was unmittelbar als Ereignis bezeugt wird, 2. auf den „allegorischen" Sinn, nämlich die lebendige kirchliche Bedeutung, 3. auf den moralischen Sinn, die Bedeutung für das christliche Leben, und 4. auf den „anagogischen" Sinn in der Hoffnung auf die Vollendung, die schon begonnen hat.

> Der Catechismus Romanus hat sie deshalb mit Bedacht auch als die „Auslegungsorte" der Bibel bezeichnet: In heutiger wissenschaftstheoretischer Sprache würde man sagen, daß er sie als die Haltepunkte einer Topik und Hermeneutik der Schrift verstanden wissen will.[58]

Der Katechismus von Trient und der neue Weltkatechismus folgen dieser hermeneutischen Regel: Auf den Kommentar des Credo (1) folgen die Sakramente der Kirche (2), die Morallehre legt das Leben in Christus vom Dekalog her aus (3), und für das christliche Beten wird das Vater unser mit seiner Hoffnung auf das Reich Gottes erschlossen (4). Darum ist der „Katechismus der Katholischen Kirche" nach Trient und auch nach dem II. Vatikanum grundsätzlich *dogmatische Schriftauslegung*. Der Kanon des Glaubens, das Glaubensbekenntnis, bildet den Schlüssel des Verstehens für die Schrift, weil sie das kirchliche Dokument der Offenbarung ist. Der Katechismus

> stellt dem Katecheten die unverzichtbaren Grundstücke der Katechese und ihre einzelnen Inhalte bereit, aber er dispensiert ihn nicht davon, den situationsgemäßen Weg ihrer Vermittlung selbst zu suchen.[59]

Der Katechismus fasst also zusammen, was die Kirche tradiert, und die Katechese ist ihre lebendige Tradition. Ratzingers Theologie der Katechese und des Katechismus gründet also in seinem ausgefeilten Begriff der Tradition. Daher ist das katechetische Anliegen seiner Schriften und Reden keine Frage der Rhetorik oder einer strategischen Orientierung an bestimmten Adressaten. Im Gegenteil: Die Katechese ist selbst die eigentliche Praxis der Theologie und ihrer Prinzipienlehre; sie ist die Weise, auf die sie an der Tradition teilnimmt. Der Einwand, Katechese vertrage sich nicht mit wissenschaftlicher Theologie, trifft daher in der Sache nicht. Katechese ist nicht etwa „nur Katechese", sozusagen ein nachträglicher Anwendungsfall der reinen Theologie. Umgekehrt ist die Theologie kein Geschäft, das neutral zur

---

[58] *Glaubensvermittlung und Glaubensquellen 1983*, 88-101, 97.

[59] Ebd. 98/99.

Tradition und ihrer Vorgabe, dem kirchlichen Glauben, betrieben werden könnte.[60]

Eine bezeichnende Ausnahme machte Ratzingers Kreuzweg-Meditation am Karfreitag 2005, nur wenige Wochen vor seiner Wahl zum Papst. Eine solche Meditation ist keine reine Katechese mehr, da sie unmittelbar Gott anredet. Sie ist auch keine rein private Betrachtung oder Frömmigkeitspraxis – insbesondere dann nicht, wenn sie vom Papst oder seinem Vertreter vorgetragen wird und in das gemeinsame Gebet der Gläubigen mündet.

Die neunte Station des Kreuzwegs gilt dem dritten Fall Jesu unter dem Kreuz. Ratzingers Fragen, was die Kirche selbst zu diesem Fall beitrage, dienen der Gewissenserforschung.

> Wie oft wird sein Wort verdreht und missbraucht? Wie wenig Glaube ist in so vielen Theorien, wie viel leeres Gerede gibt es? Wie viel Schmutz gibt es in der Kirche und gerade unter denen, die im Priestertum ihm ganz zugehören sollten? Wieviel Hochmut und Selbstherrlichkeit? [...] Wir selber verraten dich immer wieder nach allen großen Worten und Gebärden. [...] Wir ziehen dich mit unserem Fall zu Boden, und Satan lacht, weil er hofft, dass du von diesem Fall nicht wieder aufstehen kannst, dass du, in den Fall deiner Kirche hineingezogen, selbst als Besiegter am Boden bleibst.[61]

Es ist leicht, diesem Gebet eine rhetorische Anklage zu unterschieben. Dann wäre nach den Motiven zu fragen, die eine solche Unterstellung nahelegen. Die Entscheidung für eine solche Hermeneutik des Verdachts lässt sich im letzten ebenso wenig rechtfertigen wie eine Hermeneutik des wohlwollenden Verstehens. Aber das wohlwollende Verstehen dürfte mindestens ebenso starke Argumente haben und vor allem die einzige Voraussetzung sein, unter der ein Gespräch wirklich zu führen ist.

Wer nur die Thesen und Urteile des Präfekten Ratzinger gehört hatte, mochte sich besorgt fragen, wie der angebliche Hardliner wohl als Papst agieren werde. Wer ihn als Gesprächspartner und Prediger kannte, dürfte kaum von seinem verbindlichen Auftreten und den spontanen „Benedetto"-Chören überrascht gewesen sein. Anders gesagt: Auch Kardinal Ratzinger hatte oft gelächelt. Die Welt schaute aber erst hin, als er Papst war.[62]

---

[60] Vgl *Kirche und wissenschaftliche Theologie* (1978), in: *Theologische Prinzipienlehre* 1982, 339-348, sowie die *Instruktion über die kirchliche Berufung des Theologen 1990*, 7-10,14-17.

[61] *Der Kreuzweg 2006*, 46/47.

[62] In der ersten Audienz für die Pilger aus Deutschland, einen Tag nach seiner Amtseinführung, sprach eine fast hemdsärmelige schlichte Herzlichkeit, die Ratzinger in seiner offiziellen Rolle als Präfekt kaum so offen zeigte. „Die Deutschen sind berühmt für ihre Pünktlichkeit. Es scheint, dass ich schon sehr italianisiert bin" (*Der Anfang 2005*, 40).

7
Angewandte Theologie als Mystagogik (ab 2005): *Amtlicher Dialog als Papst*

Am 19. April 2005, dem Tag vor seiner Wahl zum Papst, predigte Kardinal Ratzinger als Dekan des Kardinalskollegiums in der Hl. Messe „Pro elegendo Romano Pontifice“ in St. Peter. Thema war das Evangelium Joh 15,9-17, in dem Christus die Jünger nicht mehr als Knechte, sondern als Freunde bezeichnet. Idem velle – idem nolle (dasselbe wollen, dasselbe nicht wollen): In dieser Übereinstimmung des Willens erweise sich die Freundschaft mit Christus. Das Maß ist also kein abstraktes Prinzip, sondern die Person Christi; das Fundament des Glaubens ist die Freundschaft, die er schenkt, und die Folge ist die Frucht der Reife. Dieses christozentrische Verständnis des Glaubens zielt auf ein Bekenntnis der Freundschaft. In diesem Kontext fiel das vielfach aufgegriffene Wort von der „Diktatur des Relativismus“.

> Einen klaren Glauben nach dem Credo der Kirche zu haben, wird oft als Fundamentalismus abgestempelt, wohingegen der Relativismus, das sich „vom Windstoß irgendeiner Lehrmeinung Hin-und-her-treiben-Lassen“, als die heutzutage einzige zeitgemäße Haltung erscheint. Es entsteht eine Diktatur des Relativismus, die nichts als endgültig anerkennt und als letztes Maß nur das eigene Ich und seine Gelüste kennt.
> Wir haben jedoch ein anderes Maß: den Sohn Gottes, den wahren Menschen. „Erwachsen“ ist nicht ein Glaube, der den Wellen der Mode und der letzten Neuheit folgt; erwachsen und reif ist ein Glaube, der tief in der Freundschaft mit Christus verwurzelt ist. Diese Freundschaft macht uns offen gegenüber allem, was gut ist und uns das Kriterium an die Hand gibt, um zwischen wahr und falsch, zwischen Trug und Wahrheit zu unterscheiden.[1]

Die rhetorische Schärfe, mit der Ratzinger auch sonst seine Position als „cooperator Veritatis“ markierte[2], bleibt spürbar. Aber sein Verdikt gegen den Relativismus ist erheblich differenzierter, als eine oberflächliche Lektüre der Predigt es sehen mag. Die herrschende Philosophie des Relativismus sei politisch durchaus berechtigt, da es die „einzig richtige politische Option“ nicht gebe. Die Meinung, das Relative bzw. „die Konstruktion des freiheitlich geordneten Zusammenlebens der Menschen“ könne „nicht absolut sein“, sei aber „gerade der Irrtum des Marxismus und der politischen Theologien gewesen“. Ratzinger un-

---

1 *Der Anfang 2005*, 14. Vgl. *Ansprache an das Kardinalskollegium 2006*, 17.

2 *Glaube – Wahrheit – Toleranz 2003*, 94-98 (aus einem 2002 in Lugano und Neapel gehaltenen Vortrag).

terscheidet die absolute Wahrheit vom vielfältigen Prozess der Wahrheitsfindung, in dem sowohl die Philosophie als auch die Theologie stehen. Für die Theologie gelte christologisch und ekklesiologisch allerdings nicht die *Relativität* des Absoluten, sondern die *Absolutheit* des Relativen oder besser Konkreten, wie sie in der Heilsgeschichte erfahren und im Glauben vorausgesetzt werde: Christus selbst nämlich und seine Kirche.

In der Predigt zu Beginn des Konklave erschien diese feste Position aber noch deutlicher eingebunden in die Freundschaft und Liebe, die Christus gilt und ihm in einer Gemeinschaft der Freunde entgegen gebracht wird. Amtsdienst als Freundschaftsdienst: Der Gedanke klingt ebenso naheliegend wie ungewohnt, obwohl er sogar Jahre zuvor in einer umstrittenen Instruktion auftaucht.[3] Als ihm die unmittelbare Konsequenz dieser Freundschaft, der Petrus-Dienst, durch die anderen Freunde auferlegt wurde, klang das erste Wort, das Ratzinger als Papst Benedikt am 19. April öffentlich sprach, sehr leise und vorsichtig:

> Liebe Brüder und Schwestern, nach dem großen Papst Johannes Paul II. haben die Herrn Kardinäle mich gewählt, einen einfachen und bescheidenen Arbeiter im Weinberg des Herrn. Mich tröstet die Tatsache, dass der Herr auch mit ungenügenden Werkzeugen zu arbeiten und zu wirken weiß. Vor allem vertraue ich mich euren Gebeten an.[4]

Erste Signale schien die Predigt am folgenden Tag in der „Missa pro Ecclesia" mit den wahlberechtigten Kardinälen zu setzen, auch wenn sie nicht als eine interne Regierungserklärung überbewertet werden sollte. Der Beginn des Pontifikats falle zusammen mit dem Jahr der Eucharistie: „Sollte man in diesem providentiellen Zusammentreten nicht ein Element sehen, das das Dienstamt, zu dem ich berufen bin, kennzeichnen muss?" Der Glaube an die Gegenwart des Herrn „sei mutig und klar zum Ausdruck zu bringen, vor allem durch die Feierlichkeit und Korrektheit der Gottesdienste".[5] Die Liebe und der Friede (*agape* und *pax*) der Eucharistie gehe der Scheinalternative von Orthodoxie und Orthopraxie voraus; denn aus der vertikalen *communio*, die Christus in der Eucharistie stifte, erwachse auch die horizontale Solidarität des Handelns – so der Grundgedanke, den Ratzinger in seinem Vortrag in Benevent am 2. Juni 2002 entwickelte. Hier klingt er an, um sich später in der ersten Enzyklika *Deus Caritas est* zu entfalten. Aus dem Dialog des Freundes in der Gemein-

---

3 *Instruktion über die kirchliche Berufung des Theologen 1990*, 8: „Im Glaubensakt erkennt der Mensch die Güte Gottes und beginnt, ihn zu lieben. Liebe aber will den Geliebten immer noch besser kennenlernen." Dies sei der Ursprung der Theologie.

4 *Der Anfang 2005*, 18.

5 23.

schaft der Freunde mit Christus entfaltet sich der theologische Dialog ebenso wie der interreligiöse Polylog.[6] So bezog Benedikt sich auch in der Hl. Messe zur Amtseinführung am 24. April auf die Allerheiligenlitanei, mit der sich die Feiernden an die bereits vollendeten Freunde Christi wenden.[7] Das Pallium des römischen Bischofs schmücke den Hirten, der das verlorene Lamm trägt und als wahres Lamm sein Leben für die Schafe gibt.[8] Der Fischerring verweise auf den Dienst, das Netz des Evangeliums auszuwerfen, obwohl es zu zerreißen scheine.[9] Auch hier bat Benedikt um das Gebet der Freunde, „dass ich den Herrn immer mehr lieben lerne", „dass ich seine Herde – Euch, die heilige Kirche, jeden einzelnen und alle zusammen – immer mehr lieben lerne"[10]. Der Petrusdienst trägt und wird getragen in der gemeinsamen Freundschaft mit Christus.[11] Das Evangelium der Messe (Joh 21) mit dem Auftrag Christi an Petrus wird so in schlichte Theologie, die Theologie wiederum in die Bitte um das Gebet übersetzt.

Die Verschiebung der Akzente ist klar: Der Dienst der Unterscheidung, den Ratzinger als Präfekt der Glaubenskongregation ausübte, geht auf im Dienst der Versöhnung und Einheit, der ihm als Papst übertragen wurde. Amtliches Abgrenzen wird aufgehoben in amtliches Vermitteln: Er stellt nun jeweils das Gemeinsame heraus, das Menschen als Menschen überhaupt, als getaufte Christen und als volle Glieder der Kirche durch Christus verbindet.

Auch der gewählte Name Benedikt knüpft an den letzten päpstlichen Träger dieses Namens (1914-1922) an, der sein Amt „im Dienst der Versöhnung und Harmonie unter den Menschen und Völkern" ausübte, vor allem aber „an den hl. Benedikt von Nursia, der zusammen mit den hll. Cyrill und Methodius Patron von Europa ist". Der Name erinnert also an das benediktinische Mönchtum und seine Bedeutung für Europa. Die Namenswahl verbindet das kirchliche Internationale mit dem geschichtlichen Regionalen.

Der neue Papst betonte bei seiner Inbesitznahme der Kathedra des römischen Bischofs in seiner Bistumskirche, der Lateranbasilika, allerdings auch den bleibenden Dienst der Unterscheidung. „Der Bischof von Rom sitzt auf seiner Kathedra, um von Christus Zeugnis zu geben. Daher ist die Kathedra das Symbol der ‚potestas docendi', jener Lehrvollmacht, die wesentlich zur Aufgabe des Bindens und Lösens gehört, die vom

---

6 Vgl. ebd. 24/25.

7 Vgl. 30. – Auch das Vorlesungsmanuskript *Eschatologie 1972* begann mit der Allerheiligenlitanei.

8 Vgl. *Der Anfang 2005*, 32/33.

9 Vgl. ebd. 34/35.

10 34.

11 Vgl. 36.

Herrn dem Petrus und nach ihm den Zwölf aufgetragen worden ist." Die Schrift und ihre Auslegung gehören in der Kirche zusammen, damit sie nicht „von der lebendigen Stimme der Kirche losgelöst [...], [...] zum Diskussionsthema der Experten" wird. Das göttliche „Mandat" der Kathedra reiche über jede menschliche Wissenschaft hinaus. Aber diese Kathedra bezeichnet nach dem hl. Ignatius von Antiochien „den Vorsitz in der Liebe", also nach Benedikts Deutung den Vorsitz in der Eucharistie, in der diese Liebe greifbar werde.[12] Das Lehramt ist also der Dienst der Liebe, die vom eucharistischen Sakrament ausgeht.[13] Diese Liebe berührt nicht eine Eigenschaft Gottes, sondern ist sein dreieiniges Wesen.

> Die christliche Theologie fasst die Wahrheit über Gott in diesem Begriff zusammen: ein einziges Wesen in drei Personen. Gott ist nicht Einsamkeit, sondern vollkommene Gemeinschaft. Deshalb verwirklicht sich der Mensch als Abbild Gottes in der Liebe, die aufrichtige Selbsthingabe ist.[14]

Vom Dialog mit Christus, der Gebet und so die ursprünglichste Form der Theologie ist, über den Liebesdienst des Petrus-Amtes, der in der Eucharistie gründet, und zuletzt über den Polylog mit allen Menschen führt der Weg zurück zum Geheimnis des göttlichen Wesens, das wiederum in sich „Trialog" ist, drei-einiges Gespräch. Gebet, Dialog, Amt und Eucharistie in der Kirche und zuletzt Theologie lassen sich nur von diesem Gott her verstehen, der Liebe nicht bloß *hat* oder *zeigt*, sondern der in seinem Wesen Liebe *ist*.

Das Thema der ersten Enzyklika zeichnete sich also früh und wahrnehmbar ab. Es stand übrigens auch am Anfang von Ratzingers Theologiestudium mit dem Versuch, die *quaestio disputata de caritate* des Thomas von Aquin zu übersetzen. Die Liebe hebt „legitime Unterschiede" nicht auf, bringt sie aber „miteinander in Einklang in einer höheren Einheit, die nicht von außen auferlegt wird, sondern die von innen heraus dem Ganzen sozusagen Form verleiht".[15]

Amtlich: Enzykliken, Motuproprien und Katechesen

Die Adressaten des Papstes in der kirchlichen Öffentlichkeit unterscheiden sich nach Amt und Aufgabe, ebenso unterscheiden sich die

---

[12] 54/55.

[13] So auch in der Ansprache vom 13. Mai 2005 bei der Begegnung mit den Priestern und Diakonen der Diözese Rom in der Lateranbasilika: ebd. 59-71, bes. 59 und 61 (mit Bezug auf den Johannes-Kommentar des hl. Augustinus).

[14] Ansprache vor dem Angelus am 22. Mai 2005 (Dreifaltigkeitssonntag), ebd. 84.

[15] Predigt zum Abschluss der Gebetswoche für die Einheit der Christen am 25. Januar 2006 (deutsch im *Osservatore Romano* vom 3. Februar 2006).

Inhalte und Konsequenzen der Adressen, die der Papst an bestimmte Adressaten richtet. Päpstliche Rundschreiben (Enzykliken) gelten vor allem dem Episkopat. Erst durch den Episkopat vermittelt gelten sie auch den Gläubigen oder gelegentlich allen Menschen guten Willens. In ihnen übt der Papst sein ordentliches Lehramt aus und gibt verbindliche Vorgaben für die kirchliche Verkündigung des Glaubens. Apostolische Schreiben stellen keine Rechtsakte (Dekrete) oder formelle Lehrschreiben (Enzykliken) dar. Als „Motuproprio" ergehen sie aus eigener Initiative des Autors; sie zeigen dann rechtliche oder administrative Entscheidungen an. Die öffentliche Katechese als Glaubensunterweisung gehört zur Aufgabe des Bischofs als Lehrer seiner Kirche. Diese Katechesen, insbesondere zur wöchentlichen Generalaudienz, sind immer auch mystagogisch, weil sie in das sakramentale Geheimnis der Kirche als Leib Christi einführen.

Für alle genannten Arten, als Papst in der kirchlichen Öffentlichkeit zu sprechen und zu schreiben, konnte Benedikt an die reichhaltige Lehre anknüpfen, die Johannes Paul II. in seinen vierzehn Enzykliken, zahlreichen Apostolischen Schreiben und wöchentlichen Katechesen hinterließ. Die erste Enzyklika *Deus Caritas est* vom 25. Dezember 2005 schließt in der Sache an die letzte Enzyklika seines Vorgängers *Ecclesia de Eucharistia* an, auch wenn sie nicht speziell der Eucharistie gilt, sondern umfassend der Liebe selbst: Sie ist das Wesen des dreieinigen Gottes, dem der Mensch ebenso wesentlich antwortet.

Redemptor hominis, die erste Enzyklika Johannes Pauls II. von 1978, führte eine scheinbar unscheinbare Neuerung ein. Dieser Papst sagte leidenschaftlich „ich" und verzichtete weitgehend auf den amtlichen Plural in den Lehrschreiben seiner Vorgänger. Der Mensch und Theologe Karol Wojtyla blieb im päpstlichen Autor immer vernehmbar, besonders in seinen späten und immer dringlicheren Worten. Ähnliches gilt auch für Benedikt XVI., der eher leiser und zurückhaltender, aber ebenso deutlich spricht. In seiner Einleitung sagt er noch „ich", um dann ganz in das meditierende und argumentierende „Wir" (oder das bloß rhetorische „ich") des eigentlichen Textes einzutauchen.

Die Lektüre lehramtlicher Texte hat bekanntlich ihre hermeneutischen Eigenheiten. Das Lehramt bezieht sich in der Regel auf sich selbst und argumentiert „selbstbezüglich", indem es die Spuren anderer Vorgängerdokumente aufnimmt und die eigene Darlegung durch Zitate und Anmerkungen bestätigt. So wird beglaubigt, dass eigentlich gerade nichts Neues gelehrt, sondern die Lehrtradition der Kirche entfaltet werden soll. Diese Referenzfigur könnte als zirkuläre Logik so missverstanden werden, als leite sich die jeweilige Aussage von den Aussagen her, auf die sie sich bezieht. Der Zirkel ist jedoch hermeneutischer Art. Die recht unterschiedlichen Aussagen stehen in einem Verweisungszusammenhang und bilden ein Ganzes. Ein Text lässt den anderen lesen und verstehen; ein Text taucht als „Subtext" im anderen wieder auf. Diese Hermeneutik profitiert von der „Intertextualität" der lehramtlichen Tradition. Das Gewebe der Aussagen hat nicht nur seine „diachrone" (historisch-genetische) Entwicklungslinie, in der sich ein der Sache nach immer schon vorhandener Gehalt entfaltet. Wichtiger ist die „synchrone" Zusammenschau aller irgendwie als verbindlich einzuschätzenden Aussagen.

Was ist nun neu an der Enzyklika *Deus Caritas est*[16], die einen „theoretischen" und einen „praktischen" Teil hat, verbunden durch den Begriff der Liebe?

1. Benedikt geht sparsam um mit Anmerkungen. Auch wenn er auf lehramtliche Texte der neuesten Zeit zurückgreift, scheint er es hauptsächlich deswegen zu tun, um direkt an dortige Vorgaben anzuknüpfen. Er will im zweiten Teil der Enzyklika die Kontinuität seiner Überlegungen zur institutionellen kirchlichen Caritas mit den vorangehenden Sozialenzykliken betonen (27). Der erste Teil hat andere und teilweise ungewohnte Referenten: Nietzsche zum Beispiel mit seinem Vorwurf, das Christentum habe den Eros vergiftet (3-4), und Descartes mit seiner geistlastigen Fundamentalphilosophie (5). Natürlich spielen neben antiken Autoren wie Vergil und Sallust, Platon und Aristoteles vor allem die Kirchenväter mit, besonders Gregor und Augustinus.

2. Vor allem ist es die tatsächlich kontextuell gelesene Schrift, auf die sich der erste Teil bezieht: kontextuell gelesen deswegen, weil nicht einzelne Belegzitate, sondern inhaltliche Zusammenhänge innerhalb der ganzen Schrift aufgenommen und argumentativ entfaltet werden. Das ist aufregend, denn die Enzyklika illustriert also nicht einen fertigen, systematisch-theologischen Gedankengang mit passenden Zitaten. Vielmehr entwickelt sie ihre sehr zügige und geschlossene Argumentation aus der Schrift selbst. Sie nimmt deren Bilder und Gleichnisse, die sich gegenseitig beleuchten, ernst; sie denkt geradezu „biblisch", statt die Schrift einem fix und fertigen Typ von Theologie zu unterwerfen. Dies entspricht Ratzingers Verständnis von Tradition als dogmatische Schriftauslegung.

3. Die beiden Teile der Enzyklika scheinen allerdings nur lose durch den „Caritas"-Begriff miteinander verknüpft zu sein: Gott als Liebe einerseits, die Kirche als Wohlfahrtsorganisation andererseits – so etwa könnte der erste flüchtige Eindruck sein. Und dieser Eindruck täuscht gründlich. Es sind dieselbe Caritas und derselbe Gott, der Liebe ist, die von zwei verschiedenen Seiten her meditiert werden. Vielleicht hilft der Gedanke weiter, den ersten, „theologischen" Teil als Theorie, den zwei-

---

16 *Deus Caritas est 2005* (Seitenzahlen im laufenden Text).

ten, in die kirchliche Soziallehre spielenden Teil als Praxis der Caritas zu lesen. Dann verbindet die Enzyklika nicht nur äußerlich die Liebe Gottes mit den Liebeswerken der Menschen; sie spiegelt sozusagen die „Theorie-Praxis-Einheit“ eines Glaubens wieder, der nur als Liebe leben kann, der einfach als Liebe praktisch wird, wenn er glaubt.

„*Wir haben der Liebe geglaubt* [vgl. 1 Joh 4,16]: So könne der Christ den Grundentscheid seines Lebens ausdrücken“, sagt Benedikt in der Einführung der Enzyklika (Nr. 1). Der Liebe glauben heiße, auf die Liebe Gottes antworten, der in Israel schon als Liebender da sei und *uns* in Jesus Christus begegne. Wir seien angesprochen und angefragt; unsere personale Antwort erwarte oder gebiete Christus „zu Recht“ (darum das Doppel*gebot* der Gottes- und Nächstenliebe in Mk 12,29-31). Auf diese Liebe Gottes ist alles hingeordnet, was als Liebe verstanden und gelebt werden kann; Hass und Gewalt jedoch schließt sie aus.

Auch Eros und Agape finden gemeinsam Platz in dieser Liebe. Das Christentum habe nicht den Eros vergiftet, wie ihm Nietzsche besonders pointiert vorgeworfen hat. Ein Eros, der selbst in seiner religiösen Überformung dazu neige, Menschen zu missbrauchen und zu prostituieren, sei „nicht Aufstieg, ‚Ekstase‘ zum Göttlichen hin, sondern Absturz des Menschen“ (4). Er degradiere den Leib des Menschen zum bloß gegenständlichen „Körper“; er mache nicht nur „Sex“, sondern den Menschen insgesamt „zur Ware“. So werde der Leib verneint und entwürdigt; er könne die Freiheit des Menschen, in seiner „Zweieinigkeit“ von Seele und Leib, nicht mehr ausdrücken (5). Im Hohelied bleibe die Liebe nicht bei der erotische Suche nach dem anderen Körper stehen (hebräisch „dodim“), sondern entdecke den Andern in seiner leibhaften Würde („ahaba“). Eine solche Liebe „ist ‚Ekstase‘, aber Ekstase nicht im Sinn des rauschhaften Augenblicks, sondern Ekstase als ständiger Weg aus dem in sich verschlossenen Ich zur Freigabe des Ich, zur Hingabe und so gerade zur Selbstfindung“ (6). An die Stelle würdeloser und entwürdigender sexueller „Selbstverwirklichung“ trete eine Liebe, die „das Gute für den Geliebten“ wolle; so werde sie frei und erfülle sich auch in Opfer und Verzicht.

Darum ist die Agape nicht aus dem Eros ausgegliedert und in einer „Sonderwelt“ beheimatet; beide bilden ungetrennt eine einzige, aber vieldimensionale Wirklichkeit. Liebe geben könne nur, wer zuerst geliebt worden sei (7). Der „*Eros* Gottes für den Menschen ist [...] zugleich ganz und gar *Agape*“, weil diese Liebe nicht nur im prinzipiellen, ursprünglichen Sinn schöpferisch, sondern vor allem verzeihend sei (10). Darum sehe die implizite Theologie der kanonischen Schrift im Hohelied nicht nur eine in sich geschlossene erotische Menschenwelt, sondern die Liebe Gottes selbst zum Menschen. In der Vereinigung beider gehe der Mensch nicht unter, und auch in der Vereinigung von Mann und Frau verbänden sich beide zum Mit-eins und blieben doch sie selbst (11). Aber im Neuen Testament habe diese Liebe Gottes endgültig in Fleisch und Blut eine Gestalt gefunden. Die Wahrheit könne angeschaut werden, wenn sie Mensch gewordene Liebe Gottes sei, und sie werde kommuniziert, weil der Mensch in ihr von Jesus Christus lebe. Darum überbiete die Eucharistie unendlich „jede mystische Aufstiegsbegegnung des Menschen" (13). Weil sie aber kommuniziert werde, habe sie immer sozialen Charakter: „Die Vereinigung mit Christus ist zugleich eine Vereinigung mit allen anderen, denen er sich schenkt. Ich kann Christus nicht allein für mich haben" (14).[17]

Der „Kult" könne also nicht gegen den „Ethos", die Liturgie nicht gegen den sozialen Dienst ausgespielt werden. Hier schließt sich der imponierende Kreis des Gedankens: „Liebe kann ‚geboten' werden, weil sie zuerst geschenkt wird." Sie sei kein bloßes ethisches Soll mehr, eine (Über-)Forderung, sondern der Ruf zur Antwort auf das Wort der Liebe, das schon von Gott gesprochen sei (14). Dieses Wort des unsichtbaren Gottes stehe vor uns in der sichtbaren und unendlich liebens-würdigen Gestalt Jesu Christi. Von dieser Liebe und keiner anderen aber spreche 1 Joh 4,1-16; sie sei namentlich, sichtbar und konkret. Durch Jesus Christus sei der Andere „der Nächste", den ich nicht mehr allein mit meinen, sondern mit *seinen* Augen sehen könne. „Sein Freund ist mein Freund" (18) – eine schlichte katechetische Formel, die hohe Theologie enthält.

Darum sei der diakonische Liebesdienst der Kirche ist von Anfang an konstitutiv und als solcher bezeugt worden (21-24). Der Diakon Laurentius († 258) könne darum die Armen als Schatz der Kirche lieben, weil sie *seine* besonderen Freunde seien (23). Keine Ordnung der Gerechtigkeit könne die Liebe ersetzen, die jedem einzelnen dieser Freunde gelte. Dennoch bleibe die vor allem in den Sozial-Enzykliken aufgeworfene Frage, wie die gerechte Struktur einer Gesellschaft aussehen solle (26-27). Gerechtigkeit als „Ziel und daher auch inneres Maß aller Politik" erschöpfe sich nicht in einer reinen „Technik der Gestaltung öffentlicher Ordnungen". Was sie sein solle, könne auch die praktische Vernunft nur sagen, wenn der Glaube die Vernunft zu sich selbst befreie. Keine „reine Vernunft", sondern eine durch den Glauben „gereinigte" Vernunft könne sagen, was gerecht ist.

---

[17] Damit vertieft Benedikt auf seine Deutung des *caritas*-Begriffs, der bei Augustinus für die Kirche als Leib Christi schlechthin stehe. Vgl. *Volk und Haus Gottes 1954*, 318-322, 318; außerdem 138, 144, 149, 157, 213/214. In gewisser Weise schließt sich hier der Gedankenkreis, der von der Dissertation aus entfaltet wurde, und kehrt zurück zum Ausgangspunkt.

Logos und Ethos, Glaube und Vernunft, christliche Liebe und soziale Gerechtigkeit stehen zueinander so in Beziehung, dass eins das andere nicht in sich „aufhebt“. Weder muss die Politik zur gerechten Sozialtechnologie werden, noch darf die Kirche ihre Soziallehre unmittelbar durchsetzen wollen. Beide bleiben als Partner aufeinander angewiesen (28). Damit nimmt Benedikt XVI. die Verhältnisbestimmung von *fides* und *ratio* auf, wie sie in der Enzyklika Johannes Pauls II. vorgegeben ist. Er führt sie fort, indem er das Argumentationspotential seiner früheren Kritik an der Theologie der Befreiung ganz grundsätzlich entfaltet. Zielthese ist: Kein gerechter Staat kann eine kirchliche Caritas ersetzen, die sich organisiert den Freunden Christi zuwendet – dies (und *nur dies*) ist Sinn der Caritas. Dieses *opus proprium*, diese „ureigenste Aufgabe“ der Kirche ist es, in der sie *unmittelbar* handelt. Politisch darf sie aber nur *mittelbar* handeln, indem sie die „gläubigen Laien“ inspiriert, an einer gerechten Gesellschaftsordnung mitzuwirken (29).[18]

„Die Liebe ist umsonst; sie wird nicht getan, um damit andere Ziele zu erreichen“ (31). Weil sie auf die Liebe Christi antworte, könne sie auf den Hochmut verzichten, aus eigener Kraft die Welt zu retten (35). Das Kreuz sei die letzte und rettende Offenbarung einer solchen Liebe, ohne die eine kirchliche Caritas schnell zwischen Aktionismus und Resignation hin und her geworfen würde. Nur darum „trifft zu, dass sogar unser Schreien, wie das Jesu am Kreuz, die äußerste und tiefste Bestätigung unseres Glaubens an seine Souveränität ist“ (38). Caritas ohne die Theologie des Kreuzes wäre ein reiner Widerspruch, eine zusätzliche entmutigende Erfahrung angesichts einer Welt, die mehr Liebe braucht, als Menschen je von sich her geben können.

Die Scheinalternative von Orthodoxie und Orthopraxie, von Logos und Ethos unterläuft Benedikt, indem er den Begriff der Liebe vom Wesen des dreieinigen Gottes auf die Kirche hin entfaltet. Darum kann das wichtige nachsynodale Schreiben (zur 11. Versammlung der Römischen Bischofssynode Herbst 2005) *Sacramentum Caritatis*[19] vom 22. Februar 2007 gewissermaßen die Linie der letzten Enzyklika Johannes Pauls II. (*Ecclesia de Eucharistia*) nun weiter ziehen. Hier wiederholt sich die Zweiteilung der Enzyklika *Deus Caritas est*. Die Eucharistie wird angesichts vielfältiger konkreter Anliegen der Bischöfe

[18] Diese Argumentationsfigur, das Verhältnis von staatlicher Verantwortung für gerechte Ordnung und kirchlicher Caritas zu bestimmen, verwendet das bekannte so genannte „Böckenförde-Paradoxon“, demzufolge Staat und Kirche bei Grund- und Sinnorientierungen aufeinander angewiesen sind.

[19] *Sacramentum Caritatis 2007*; der Text enthält zahlreiche praktische Empfehlungen.

unter zwei Hinsichten betrachtet, nämlich vom dogmatischen Glauben und von ihrer liturgischen Feier her.

Anders das Motuproprio *Summorum Pontificum* vom 7. Juli 2007: Es enthält eine administrative Entscheidung mit Ausführungsbestimmungen und knüpft inhaltlich an das Motuproprio *Ecclesia Dei* Johannes Pauls II. von 1988 an.[20] Bereits die erste Predigt Benedikts nach dem Konklave galt dem Glauben an die Gegenwart des Herrn in der Eucharistie. Dieser Glaube „sei mutig und klar zum Ausdruck zu bringen, vor allem durch die Feierlichkeit und Korrektheit der Gottesdienste".[21] Das alte und das erneuerte Missale Romanum seien zwei Ausdrucksweise desselben Glaubens, allerdings mit dem Unterschied, dass das alte Missale nur als außerordentliche Form, das erneuerte Missale von 1970 bzw. 2002 als die ordentliche Form des römischen Ritus zu praktizieren sei. Ähnliches gilt auch für die Feiern der Sakramente. Damit führte Benedikt für die erneuerte Liturgie nach dem Konzil durch, was er in seiner Weihnachtsansprache an Kardinalskollegium und Kurie bereits 2005 grundsätzlich festgestellt hatte: „Die Hermeneutik der Diskontinuität birgt das Risiko eines Bruches zwischen vorkonziliarer und nachkonziliarer Kirche in sich." Nicht dem so genannten „Geist" des Konzils, der sich angeblich in den Beschlüssen selbst nur unvollkommen darstelle, sondern den tatsächlichen Konzils*texten* und ihrer Intention sei zu folgen: in einer „Hermeneutik der Reform".[22]

Die erste Enzyklika Benedikts stellte sich dem Thema Liebe, die zweite Enzyklika *Spe salvi* vom 30. November 2007 handelte von der Hoffnung – denn „auf Hoffnung hin sind wir gerettet" (Röm 8,24). Die Trias der theologischen Tugenden lässt vielleicht ein weiteres Schreiben über zur Hermeneutik des Glaubens erwarten, die den Begriff der Tradition im Blick auf die Heilige Schrift und das Lehramt klärt. Der Tag, an dem die zweite Enzyklika unterzeichnet wurde, hat programmatische Bedeutung, denn der 30. November ist das Fest des Hl. Andreas, den die Ostkirche als ihren Apostel feiert. Sie dürfte als Adressatin mitgemeint sein, wie die Bezüge auf Maximus Confessor (580-662), den in Ost und West gemeinsam verehrten Theologen und Martyrer des Konzils von Chalkedon, und die bildtheologischen Überlegungen im Schlussteil zeigen. Anfang 2006 hatte der Papst auf den traditionellen Titel „Patriarch des Abendlandes" verzichtet. Was dieser Schritt für das Verständnis des Primats bedeutet, scheint allerdings strittig.

---

[20] *Summorum Pontificum 2007*; dem lateinisch-deutschen Text ist ein Brief an die Bischöfe beigefügt.

[21] *Der Anfang 2005*, 23.

[22] *Ansprache an das Kardinalskollegium 2006*, 11.

Die erste Enzyklika Benedikts über die Liebe verband einen theologisch theoretischen mit einem praktischen Teil (I „Die Einheit der Liebe in Schöpfung und Heilsgeschichte", II „*Caritas*: Das Liebestun der Kirche als einer Gemeinschaft der Liebe). Die Struktur der neuen Enzyklika erschließt sich eher auf den zweiten Blick. Die kurze Einleitung stellt die Frage nach Art und Gewissheit der Hoffnung, von der der Glaube spricht (1).[23] Der thesenartige Abschnitt „Glaube ist Hoffnung" (2-3) setzt neutestamentlich Glaube und Hoffnung gleich, denn dieser Glaube antwortet einer Botschaft, die nicht lediglich „informativ" etwas zu wissen gibt, sondern vor allem „performativ" dem Leben ein Ziel setzt. Dieser These folgt eine Spurensicherung im Neuen Testament und in der frühen Kirche (4-9). Der Umgang des Paulus mit dem Sklaven Philemon zeige, dass der Glaube zwar „keine sozialrevolutionäre Botschaft" bringe (9), aber die „gegenwärtige Gesellschaft [...] als uneigentliche Gesellschaft" definiere (10).

Das zentrale und titelgebende Wort der Enzyklika aus Röm 8,24 (spe salvi – auf Hoffnung hin gerettet) finde in Hebr 11,1 seine regelrechte Definition. Aber bereits die Übersetzung zeige: Diese Glaubenshoffnung könne nicht mit Luther und (auf seiner Fährte) mit der Einheitsübersetzung auf eine subjektive Haltung eingegrenzt werden. Der Text spreche eine objektive Sprache, wenn er den Glauben als „hypostasis" oder „Substanz" der Hoffnung bezeichnet. Der Glaube habe eine vorgegebene Wirklichkeit und damit eine objektive Grundlage. Er sei ein „Beweis" von etwas, was (noch!) nicht sichtbar sei. Erst diese objektive Grundlage ermöglicht eine subjektive Grundhaltung. Glaube sei „Substanz der Hoffnung" (18), nämlich der objektiv tragende Grund, ohne den solche Hoffnung wertlos wäre.

Dieses akribische Herangehen lässt aufhorchen: Der Sinn der christlichen Hoffnung, ist offenbar erst mühsam im Neuen Testament freizulegen. Dazu benutzt Papst Benedikt nicht nur das exegetische Werkzeug, sondern die Auskünfte der Kirchenväter und der Heiligen, vielfach den *Katechismus der Katholischen Kirche* und auch das Taufrituale des älteren Ritus. Wie in der vorhergehenden Enzyklika sucht er das Gespräch mit den Philosophen. Er nennt Platon, Kant und Adorno. In der Mitte der Enzyklika stehen zwei Fragezeichen, wenn sie vom „ewigen Leben" und dem scheinbaren Heilsindividualismus der Hoffnung handelt (10-15). Auch hier ist, vor allem angesichts der „Umwandlung des christlichen Hoffnungsglaubens in der Neuzeit" (16-23), die „wahre Gestalt der christlichen Hoffnung" (24-31) erst einmal freizulegen. Dann können auch die „Lern- und Übungsorte der christlichen Hoffnung", nämlich das Gebet, das menschliche Tun und Leiden

[23] *Spe salvi 2007* (Seitenzahlen im Text).

sowie das Gericht Christi, zur Sprache kommen (32-48). Über allem strahlt schließlich in Maria, der Urperson und dem Urbild der Kirche, der „Stern der Hoffnung“ (49-50), die nicht abstrakt ist, sondern ein menschliches Gesicht hat.

Auf dieses Ziel, das wir nicht wissen, aber ersehnen, verweist das Wort „ewiges Leben“: auf das Mitsein mit Christus. Der Hebräerbrief hat eher „städtische“ Vorstellungen von einem gemeinsamen Heil, und der erwähnte Augustinus-Brief macht deutlich, dass ewiges seliges Leben bedeutet, im Volk des Herrn zu leben – Vorstellungen, die über die gegenwärtige Welt zwar hinaus zielen, aber zugleich „mit Weltgestaltung zu tun“ haben, wie die weltzugewandte klösterliche „Weltflucht“ des Früh- und Hochmittelalters besonders deutlich zeigt (23/24).

Der neuzeitliche Vorwurf des Heilsindividualismus trifft also die christliche Glaubenshoffnung nicht. Dieser Vorwurf setze den Begriff einer Vernunft voraus, die ihre Hoffnung vom Glauben abkoppele und eigenmächtig ohne jede Bindung an ein Ziel zu verwirklichen suche, das über die Welt hinausführen könnte. Die Wissenschaftspraxis eines Francis Bacon wolle der Technik zum Sieg über die Natur verhelfen. Sie könne auf ihrem Feld keine Konkurrenz dulden und verbanne den Glauben darum in die Sphäre „des bloß Privaten und Jenseitigen“ (25). Die *vom Glauben* befreite neuzeitliche Vernunft trete faktisch aber doch gegen die *im Glauben* befreite Vernunft des Christlichen an; sie werde versuchen, gegenüber ihrer Trägerin, der Kirche, ihr „revolutionäres Potential“ zu entfalten (27) und ihre Vernunft politisch durchzusetzen. Kant habe diese Ambivalenz der Moderne und ihrer revolutionären (wörtlich: „umstürzenden“) Vernunft wenig konsequent und zugleich etwas widerwillig offengelegt. Einerseits werde, wie er 1793 in seiner Religionsschrift schrieb, sich der Kirchenglaube in die „Alleinherrschaft des reinen Religionsglaubens“ auflösen.[24] Eben diese Umwälzung (= Revolution) ist jenseits juristischer Kategorien mit dem strapazierten Begriff der Säkularisation gemeint. Kant wusste 1795 mit wachsender zeitlicher und ideeller Distanz zur französischen Revolution aber andererseits auch, dass ein Christentum, das seine Bestimmung zur Weltreligion nicht „liebenswürdig“ erfüllte, „das (verkehrte) Ende aller Dinge in moralischer Hinsicht“ einleiten würde.[25]

---

[24] Der Papst bezieht sich auf das als „Werk“ bezeichnete Teilkapitel „Der Sieg des guten Prinzips über das böse und die Gründung eines Reichs Gottes auf Erden“ in Kants Religionsschrift; vgl. *Die Religion innerhalb der Grenzen der bloßen Vernunft*, in: *Werke* Bd. 7 (nicht, wie angegeben, 4), Darmstadt 1956, 751-815.

[25] *Das Ende aller Dinge* in *Werke* (hg. W. Weischedel) Bd. 9, Wiesbaden 1964, 173-190, hier 190 – in der Anm. 18 der Enzyklika ist irrtümlich Bd. 6 angegeben. – Im übrigen hält Kant in der 2. Auflage seiner Religionsschrift (B) an der zuvor zitierten These durchaus fest.

Diese Ambivalenz präge auch die Erben des idealistischen Fortschrittsglaubens, die sein Weltkonzept vom transzendentalen Kopf auf die ökonomischen Füße stellen wollen. „Die Kritik des Himmels wandelt sich in die Kritik der Erde, die Kritik der Theologie in die Kritik der Politik", wie der Papst mit Blick auf Karl Marx und Friedrich Engels urteilt (29). Aber nun breche die Ambivalenz des Konzepts in der Krise der Modernität auf: Was geschieht nach der Revolution, was steht am Ende? Die marxistische Theorie gebe keine Antwort, weil sie davon ausgehe, mit dem Umsturz falle eben alles fort, was eine gute und gerechte Weltordnung bedrohe.

Benedikt trifft sich in seiner pointierten Modernitätskritik, die zugleich eine Kritik der Aufklärung und ihres naiven Vernunftglaubens ist, mit Theodor W. Adorno. Die Aufklärung bedarf einer Aufklärung über sich selbst, über ihre stillschweigenden und gar nicht selbstverständlichen Voraussetzungen sowie über ihre geschichtlichen Pathologien. Zur „Dialektik der Aufklärung" und zu einer Modernitätskritik, die nicht aus schlichter Modernitätsverweigerung formuliert wird, gehört aber gerade eine Vernunft, die ihrer vermeintlichen Autonomie und Freiheit nicht unvernünftig traut.[26] Für Benedikt ist der theologische Vernunftoptimismus des I. Vatikanischen Konzils deswegen plausibel und keine quasiphilosophische Naivität, weil diese Vernunft „als die große Gottesgabe an den Menschen [...] und der Sieg der Vernunft über die Unvernunft [...] auch ein Ziel des christlichen Glaubens" ist (31).[27] Eine von Gott geschaffene und auf ihn bezogene Vernunft kann im Kern nicht gottlos oder widergöttlich sein; sie ist von sich her offen „für die rettenden Kräfte des Glaubens", der seinerseits nicht unvernünftig, sondern die wirkliche Erkenntnis Gottes durch ihn selbst ist.

In gewisser Weise wird hier das Münchner Akademiegespräch des Kardinals Ratzinger mit Jürgen Habermas wiederum aufgenommen, auch wenn dessen Name nicht fällt. Mit dieser aufgeklärten Aufklärung, die sich ihren neomarxistischen Einschlag bewahrt hat – was den Papst nicht zu stören scheint –, weiß sich der Glaube einig: Nicht die technische Vernunft und auch nicht die revolutionäre Vernunft kann

---

[26] Das „grundsätzliche ‚Ja' zur Moderne" dürfe nicht deren innere Widersprüche und „die gefährliche Schwäche der menschlichen Natur" unterschätzen, wie Benedikt in seiner Ansprache zum Weihnachtsempfang 2005 betonte (*Ansprache an das Kardinalskollegium 2006*, 19). Kurz: Ein ungeschichtlicher Bezug zur Moderne sei ebenso naiv wie eine theologische Adaption, die nicht mit der erbsündlichen Prägung des Menschen rechne.

[27] Vgl. Ratzingers Ausführungen über die Dialektik der diesbezüglichen Aussagen gerade im I. Vatikanum (*Primat, Episkopat und Successio Apostolica 1961*, 16-18).

den neuen Menschen bringen. Dieser neue Mensch kommt aber nie, wenn er nicht von Gott her kommt. Die notwendigen humanen Strukturen allein befreien den Menschen nicht dazu, zum Guten frei zu sein. Vor diesem Hintergrund lässt sich verstehen, warum sich Menschen angesichts der unabschließbaren Aufgabe, Mensch zu sein, aus der Geschichte und der Gesellschaft eher ins Private der individuellen Überzeugung zurückziehen. Verständlich wird auch, dass von Luther bis zur Einheitsübersetzung die objektive Glaubenshoffnung in ein privates Standhalten umgedeutet und damit letztlich verfälscht wird. Es kann nur einen tragenden Grund geben: Jesus Christus (vgl. Joh 17,3). Die Brücke über die tödlichen Brüche der großen Geschichte und der privaten Lebensgeschichten lässt sich nur beschreiten, wenn sie von Gott her aufgebaut wird. Alle anderen Bauversuche führen ins Leere und in den Absturz. Dieser tragende Grund trägt das einzelne Subjekt, aber er ist gerade nicht subjektiv, damit er tragen kann. Schon deswegen führt ein Heilsindividualismus oder -subjektivismus in die Irre: Eine private Hoffnung ist keine wirkliche Hoffnung. Im Gegenteil beraubt sie die anderen, denen sie nicht zugesprochen wird, der Hoffnung und führt sich so selbst *ad absurdum*. Der Papst greift hier allerdings nicht das nahe liegende Argument auf, das Johann Baptist Metz für den Würzburger Synodenbeschluss „Unsere Hoffnung" von 1975 entwickelt hatte: Eine Zukunft, die nicht für alle erhofft werden kann und muss, halbiert den Sinn dieser Hoffnung und kündigt die solidarische Sinngemeinschaft mit den Toten der Geschichte. Tatsächlich kommt der Papst später auf dieses Argument zu sprechen, das eigentlich von Adorno stammt und von Ratzinger auch schon 1977 diskutiert wird: Gerechtigkeit könne „nicht sein [...] ohne Auferweckung der Toten" (53). „Das Postulat ergibt sich in der Tat aus der Anthropologie; die Erfüllung ist aus deren eigenen Prinzipien heraus undenkbar", wie es in der „Eschatologie" deutlich genug heißt. [28] Das bedeutet: Das Argument kann wohl den menschlichen Bedarf an Hoffnung bezeichnen, aber keinen Grund dieser Hoffnung nennen.

Darum bleibt allein der geschichtliche Christus des Glaubens auch der tragende Grund der Hoffnung. Auf diesem Grund zu stehen heißt, mit ihm zu sein. „Das Mitsein mit Jesus Christus nimmt uns in sein ‚Für alle' hinein, macht es zu unserer Seinsweise" und lässt uns so an seiner Gerechtigkeit teilhaben (36). Mit Maximus Confessor und vor allem mit Augustinus erschließt der Papst den Schrecken dieses ewigen Lebens, das mit einer privaten Tröstung nichts mehr gemeinsam hat. „Es ist das Evangelium, das mir Schrecken einjagt", wie Augustinus gesteht (*Sermo* 339, hier 37). Diese Hoffnung tröstet

[28] *Eschatologie 1977*, 159.

und erschreckt, indem sie den Einzelnen aus dem Privaten heraus und hinein in die Lebensform Christi fordert, der „für alle" gestorben ist.

Die Antworten des Papstes auf die Frage, wo die Lernorte der Hoffnung sind, fallen ganz klassisch aus: „Gebet als Schule der Hoffnung" (32-34), „Tun und Leiden als Lernorte der Hoffnung" (35-40) und „das Gericht als Lern- und Übungsort der Hoffnung.

Gebet befreie zu Gott und mache offen für andere. Die betende Begegnung mit Gott wecke das Gewissen und kläre den Unschuldswahn des in sich verschlossenen Menschen auf. Es führe nicht nur aus dem Privaten hinaus, sondern stehe von vornherein auch, als Beten der Kirche, jenseits des Privaten.

Das Reich Gottes sei Geschenk (eben weil es das Reich *Gottes* ist). Dieser „Mehrwert des Himmels" (44) mache das Tun nicht gleichgültig, nehme ihm aber das Gewicht, unter dem der Mensch sonst zusammenbrechen müsste.

Leiden sei Folge der Endlichkeit, aber auch Folge der Schuld. Hier zeigen sich die Grenzen des Tuns noch deutlicher, denn das Leiden ist zwar unbedingt zu überwinden, aber dennoch nicht aus der Welt zu schaffen. Die schmerzlichen Erfahrungen der Endlichkeit und die Macht der Schuld könne kein Mensch letztlich aushalten. „Das könnte nur Gott: Nur ein Gott, der selbst in die Geschichte eintritt, Mensch wird und in ihr leidet" (45). Bloße Leidvermeidung bleibe nicht nur vorläufig, sondern führe in ein leeres Leben, das sich auch vor dem Leid anderer verschließe. Die christliche Annahme des Leidens dagegen entprivatisiere, weil sie mit Christus und durch ihn mit anderen solidarisch zusammenführe. Diese Aussage ist kein Postulat, sondern beschreibt nüchtern das Martyrium des vietnamesischen Seminaristen Paulus Le-Bao-Tinh, der 1857 in Hanoi umgebracht wurde. Dessen „Brief aus der ‚Hölle'" lässt das „ganze Grauen eines Konzentrationslagers [...] sichtbar" werden (47), aber auch den Satz des Glaubensbekenntnisses aufleuchten, Christus sei in die Hölle hinabgestiegen (*descendit ad inferos*).

Humanität habe ihr Maß im Verhältnis zum Leid und zum Leidenden. Es gehe um Solidarität in Tun und Leiden. Eine mitleidlose Gesellschaft sei inhuman; sie könne aber Leidende nicht tragen,

> wenn die Einzelnen dies nicht können, und wiederum der Einzelne kann das Leid des anderen nicht annehmen, wenn er nicht selbst im Leiden Sinn, einen Weg der Reinigung und der Reifung, einen Weg der Hoffnung zu finden vermag (48).

Mit-Leiden sei Trost: „con-solatio", Trost, bedeute, die Einsamkeit anderer zu teilen. Die großen Martyrien führten den Schrecken und den Trost des Evangeliums vor Augen. Die klassische Praxis der Frömmigkeit habe mit dem Stichwort „Aufopferung" das Martyrium in seiner banalen Alltagsform gemeint; sie habe die Fähigkeit geübt, die „kleinen Mühen in das große Mitleiden Christi hineinlegen" zu können (50).

Der dritte Lern- und Übungsort versammelt alle klassischen Reizworte der Eschatologie in einer kunstvollen Provokation. Die Motive der „Eschatologie" von 1977 kehren nun in lehramtlicher Instrumentation wieder: Der Ausblick auf das Gericht des wiederkehrenden Christus sei keine Schreckensvision, sondern das Trostbild der Hoffnung überhaupt. Das Ende bleibe nicht bildlos, und die Menschen gingen nicht anonym im Tod oder in der Ewigkeit unter (was dann dasselbe wäre). Am Ende stehe das zerbrochene Bild, das er sich selbst „im menschgewordenen Christus" gegeben und endgültig in der Auferstehung authentifiziert habe (53). Dieses Bild (vgl. Kol 1,15) übergreife das so genannte alttestamentliche „Bilderverbot", weil es authentisch sei: Christus zeige wirklich den Vater, und er weise gerade darin, dass er von Menschen und für Menschen zerbrochen werde, noch *im* Bild *über* dieses Bild *hinaus*. *Dieses* wirkliche und wahre Bild sei die Antwort Gottes auf das Leiden (und also auch die eigentliche theologische Antwort auf die Theodizeefrage). An ihm und vor ihm, von Angesicht zu Angesicht, entscheide sich alles. Dieses Christus-Bild des unsichtbaren Gottes richte den Menschen in Gerechtigkeit und richte ihn auf in Gnade.

Die frühjüdische Lehre vom Zwischenzustand zwischen Tod und Auferstehung und die christliche Lehre vom „Fegefeuer" (oder Reinigungszustand) meine allerdings den seligen und hoffnungsvollen Schmerz, der vom Heilenden ausgeht und das Unheil „ausbrennt". Erst so könne die gereinigte, von allem Trennenden befreite Seele Christus gegenübertreten. Die Gerechtigkeit der Gnade fordere, die tiefen Wunden fremder und eigener Schuld ernstzunehmen und wirklich zu heilen. Dieses rettende Feuer sei, wie „einige neuere Theologen" (zu denen sich Benedikt mit seinem Lehrer Hans Urs von Balthasar zählen dürfte) meinten, „Christus [...], der Richter und Retter" (58). Diese schmerzhafte vor-letzte Begegnung des „Fegefeuers" befreie uns zu uns selbst, indem sie uns so ernst nehme, wie wir am Ende seien – und noch weiter ernster, weil diese Begegnung damit eben noch nicht am Ende sei. Der reine Schmerz der Begegnung, ohne Aussicht auf Heilung, wäre die Hölle und damit das Ende. Das „Fegefeuer" sei ein Durchgang zur Vollendung, aber auch in diesem Durchgang stehe keiner allein, sondern mit Christus auch im Mitleiden mit anderen und im Mitgetragenwerden durch andere. Über die Grenze des Todes hinweg könnten Menschen, die mit Christus sind, im solidarischen Gebet füreinander eintreten. In der Sache ist hier auch und besonders die Praxis des Ablasses gemeint, die nicht nur den Nachlass von zeitlichen Sündenstrafen (Bußleistungen), sondern auch das stellvertretende Übernehmen solcher Strafen und Leistungen auf die Gnade Christi und seiner Heiligen hin umfasst. Diese Solidarität, auch im Ablass, ist wahre „con-solatio", Mittragen fremder Einsamkeit, und so auch tröstende Hoffnung für andere. Die Enzyklika endet nicht nur mit dem Blick auf Maria, sondern ruft sie direkt an als Leitstern der Hoffnung. Der Papst empfiehlt nicht nur die Schule des Betens, sondern übt sie.

Stärker als in seiner ersten Enzyklika legt *Spe salvi* autoritativ auch die dogmatischen Inhalte vor, die Benedikt als universitärer Theologe längst vertreten hatte. Es ist aber nicht so, dass er nun amtlich eine bestimmte private Theologie sanktionieren würde. Er beschränkt sich darauf, die klassischen Aussagen zu erinnern und zu entfalten, die er in seiner früheren Lehre deutlich vertreten hatte.

Die Generalaudienzen Benedikts stehen in der Tradition seines Vorgängers, setzen allerdings zunehmend neue Akzente. Einerseits setzte er die Auslegung der Psalmen und Cantica des Vesper ab Mai 2005 fort, die Johannes Paul II. im Januar desselben Jahres abbrechen musste – eine dogmatische Schriftauslegung vor allem der Psalmen in der christologischen Relecture der Kirchenväter.[29] Von März 2006 bis Februar 2007 folgten Katechesen über den Ursprung der Kirche und die prägenden Gestalten des Neuen Testaments. Sie stellen die Tradition der Kirche von der Heiligen Schrift her dar.[30] Die anschließende Reihe entfaltete ab März 2007 bis Februar 2008 dieselbe Tradition von den Kirchenvätern und ihrer normativen Theologie her.[31] Beide Reihen lassen deutlich das theologische Konzept der einen kirchlichen Tradition erkennen, das Ratzinger seit seinen Kommentaren zu *Dei verbum* entwickelt hat: Schrift und Überlieferung als Quellen der Tradition bezeugen die Offenbarung Gottes in Christus. Diese päpstlichen Katechesen übten die dogmatische Hermeneutik des Glaubens, dessen Tradition auch die Schrift umgreift und sich geschichtlich in der *successio* des Amtes und in den prägenden Lehren ihrer Träger entfaltet. Aber auch die Philosophie und die Geschichte als theologische Erkenntnisorte wurden in den Porträts berücksichtigt, die Tertullian und Eusebius von Caesarea gewidmet sind. Die Katechesen erweiterten sich um Porträts großer Persönlichkeiten der frühen Kirche und wandten sich, im Vorgriff auf das Paulusjahr vom Juni 2008 bis 2009, insbesondere dem heiligen Paulus zu.

---

[29] *Die Psalmen 2006.*

[30] *Auf dem Fundament der Apostel 2007.*

[31] *Die Kirchenväter 2008.*

Öffentlich: Vorträge und Gespräche

Hier sollen aus der Fülle der Vorträge nur zwei Reden herausgegriffen werden, die Benedikts theologisches Profil weiterbestimmen. Die Regensburger Vorlesung, die Joseph Ratzinger als Papst Benedikt während seines Besuchs in Deutschland im September 2006 gehalten hat, nahm die Wahrheitsfrage der Religionen noch einmal auf. Die These Benedikts erinnerte an sein Münchner Gespräch von 2004 mit Habermas: Wenn Religion a-logisch ist und sich der Vernunft verweigert, dann tritt sie unweigerlich pathologisch und gewaltbereit auf. Benedikt knüpfte mit einem ausgewiesenen und kontextgebundenen Zitat an den Paläologenkaiser Manuel II. (1350-1425) an, der in seiner Religionskontroverse dem Propheten Muhammad vorwirft, „nur Schlechtes und Inhumanes" zu bringen, indem er seinen Glauben mit dem Schwert verbreite. Aber wer „zum Glauben führen will, braucht die Fähigkeit zur guten Rede und rechtes Denken, nicht aber Gewalt und Drohung [...]." Ein Glaube ohne Logos verzichte auf Vernunft.

> Hier tut sich ein Scheideweg im Verständnis Gottes und so in der konkreten Verwirklichung von Religion auf, der uns heute ganz unmittelbar herausfordert. Ist es nur griechisch zu glauben, dass vernunftwidrig zu handeln dem Wesen Gottes zuwider ist, oder gilt das immer und in sich selbst? Ich denke, dass an dieser Stelle der tiefe Einklang zwischen dem, was im besten Sinn griechisch ist, und dem auf die Bibel gegründeten Gottesglauben sichtbar wird.[32]

Der Logos des Neuen Testaments und damit der biblische Logos überhaupt ist identisch mit Gott. Ein Gott, der sich als Logos aussagt, kann nicht alogisch verstanden werden. Ein voluntaristisches Bild eines Gottes, der nicht an die Treue zu seinem Wort und damit an Wahrheit gebunden, vielmehr diese Wahrheit selbst und überdies geschichtlich in persona Jesu Christi ist, verbietet sich für die christliche Theologie. Darum hat sie sich zu Recht auch in griechischen Denkformen entwickelt – ein irreversibler Schritt, der jede Forderung nach „Enthellenisierung" nicht nur als ahistorisches, sondern auch als theologisch inkonsistentes Denken entwertet: *ahistorisch*, weil das Evangelium in hellenistischem Kontext und in griechischer Sprache in die Welt tritt und nicht als nackte Botschaft von dieser kulturellen Inkarnation ge-

---

[32] *Apostolische Reise 2006*, 72-84, 75. – „Manuel II. hat wirklich aus dem inneren Wesen des christlichen Glaubens heraus und zugleich aus dem Wesen des Griechischen, das sich mit dem Glauben verbunden hat", gesprochen: „Nicht ‚mit dem Logos' handeln, ist dem Wesen Gottes zuwider" (76/77). Benedikt eignet sich also die zunächst nur zitierte theologische *Position* des Kaisers durchaus an. Zudem spricht er damit seine Anerkennung aus für eine Orthodoxie, die ganz konsequent das Hellenische verchristlicht hat (und nicht umgekehrt).

trennt werden kann, *inkonsistent*, weil das Denken des Logos Christus selbst auch diesem Logos in einem umfassenden Sinn verpflichtet ist.

Benedikt kommt danach ausdrücklich – und hier schließt sich der Kreis der Gedanken und biographischen Stationen – auf Pascals Unterscheidung zwischen dem Gott der Philosophen und dem Gott des biblischen Glaubens zurück. Vernunft und Glaube verbindet das gemeinsame Anliegen, sich gegen ihre Pathologien in Theorie und Praxis zu wehren: mit vernünftigen Mitteln und insbesondere mit der Vernunft des Glaubens.

> Nicht Rücknahme, nicht negative Kritik ist gemeint, sondern um Ausweitung unseres Vernunftbegriffs und -gebrauchs geht es. Denn bei aller Freude über die neuen Möglichkeiten des Menschen sehen wir auch die Bedrohungen, die aus diesen Möglichkeiten aufsteigen und müssen uns fragen, wie wir ihrer Herr werden können. Wir können es nur, wenn Vernunft und Glaube auf eine neue Weise zueinanderfinden.

Der gewichtige Vortrag für die Universität La Sapienza in Rom vom 15. Januar 2008 ist eine Rede, die nicht gehalten wurde, aber vielleicht deswegen eine besondere Wirkung ausübte. Der organisierte Protest einer Minderheit ließ den Papst absagen; um so vielfältiger war die Solidarisierung mit ihm angesichts dieses Vorgangs. Die Rede selbst klärte noch einmal unspektakulär, wie sich Glaube und Vernunft zu einander verhalten. Sie bietet eine Grundformel für eine universitäre Theologie, die an die christologischen Begriffe des Konzils von Chalkedon anknüpft.

> Ich würde sagen, dass die Vorstellung des heiligen Thomas über das Verhältnis von Philosophie und Theologie sich in der Formel ausdrücken lasse, die das Konzil von Chalzedon für die Christologie gefunden hatte: Philosophie und Theologie müssen zueinander im Verhältnis des „Unvermischt und Ungetrennt" stehen. Unvermischt, das will sagen, dass jede der beiden ihre eigene Identität bewahren muss. Die Philosophie muss wirklich Suche der Vernunft in ihrer Freiheit und ihrer eigenen Verantwortung bleiben; sie muss ihre Grenze und gerade so auch ihre eigene Größe und Weite sehen. Die Theologie muss dabei bleiben, dass sie aus einem Schatz von Erkenntnis schöpft, den sie nicht selbst erfunden hat und der ihr vorausbleibt, nie ganz von ihrem Bedenken eingeholt wird und gerade so das Denken immer neu auf den Weg bringt. Mit diesem „Unvermischt" gilt auch zugleich das „Ungetrennt": Die Philosophie beginnt nicht immer neu vom Nullpunkt des einsam denkenden Subjekts her, sondern sie steht im großen Dialog der geschichtlichen Weisheit, die sie kritisch und zugleich hörbereit immer neu aufnimmt und weiterführt; sie darf sich aber auch nicht demgegenüber verschließen, was die Religionen und was besonders der christliche Glaube empfangen und der Menschheit als Wegweisung geschenkt haben.[33]

[33] *Vorlesung La Sapienza 2008.*

Zur Vorlesung gehört das Seminar, zum Referenten das Kolloquium. Benedikt pflegt in den regelmäßigen Treffen mit seinem Schülerkreis und wichtigen Gästen die Kultur des wissenschaftlichen Gesprächs, zuletzt Ende August 2008 mit den Tübinger Emeriti Martin Hengel und Peter Stuhlmacher in Castel Gandolfo. Diese Treffen dienten auch einem konkreten Zweck. Die Position und die Thesen eines letzten Werkes standen schon zur fachlichen Diskussion, bevor sie der wissenschaftlichen Öffentlichkeit mitgeteilt wurden. Es ging um den zweiten Teil seines Jesus-Buches.

Nicht amtlich, nicht privat: „Jesus von Nazareth" – Ein Papst stellt seine Theologie zur Diskussion

Die private Lyrik eines Leo XIII. (1878-1903) oder Johannes Paul II. mochte für die Neuzeit exotisch sein, berührte aber nicht unmittelbar theologische Bereiche. Das auf drei Teile angelegte Werk „Jesus von Nazareth" hingegen zieht eine theologische Summe Joseph Ratzingers/Benedikts XVI., die sämtliche strittigen Themen seiner Biographie und Theologie noch einmal aufgreift und abschließt. Wenn die Rolle Ratzingers und nun Benedikts XVI. eine gewisse Ambivalenz zeigt, so hat dieses letzte Buch einen geradezu paradoxen Status. Hier legt kein Universitätstheologe sein Werk dem Lehramt zur Prüfung vor, sondern ein Träger des Lehramts in höchster Instanz stellt seinen Entwurf in der Öffentlichkeit zur Diskussion – ein Zeichen des Respekts vor der wissenschaftlichen Theologie, an deren Arbeit Benedikt weiterhin teilnimmt, und vor einer Leserschaft, die er auch jenseits des Fachpublikums erreichen will. Benedikt hält fest,

> dass dieses Buch in keiner Weise ein lehramtlicher Akt ist, sondern einzig Ausdruck meines persönlichen Suchens „nach dem Angesicht des Herrn" (vgl. Ps 27,8). Es steht daher jedermann frei, mir zu widersprechen. Ich bitte die Leserinnen und Leser nur um jenen Vorschuss an Sympathie, ohne die es kein Verstehen gibt.[34]

Der katechetische Sprechton des Buches irritiert vielleicht, wenn Benedikts theologischer Begriff der Katechese nicht berücksichtigt und der theologische Diskurs als ein exklusiv akademisches Geschäft verstanden wird. Zudem stellt sich Benedikt ausdrücklich in die Tradition der betrachtenden Jesus-Bücher von Karl Adam, Romano Guardini, Franz Michel William, Giovanni Papini und Henri Daniel-Rops. Sein Buch ist kein klassischer dogmatischer oder fundamentaltheologischer

[34] *Jesus von Nazareth 2007*, 22

Traktat „Christologie“.[35] Der „Konstruktionspunkt“ aber bleibt dogmatisch in einem umfassenderen Sinn, weil es um den Kern des kirchlichen Glaubens geht: Das Buch

> sieht Jesus von seiner Gemeinschaft mit dem Vater her, die die eigentliche Mitte seiner Persönlichkeit ist, ohne die man nichts verstehen kann und von der her er uns auch heute gegenwärtig wird[36].

Jesus ist Gott der Sohn – in dieser Glaubensregel liegt der hermeneutische Schlüssel zu ihm, aber auch der Grund für seine „Aktualität“. Darum öffnet sich der Zugang zu Jesus von Nazareth nicht durch die historisch-kritische Exegese allein, auch wenn sie methodisch nötig ist. Die Methode Benedikts umfasst mehr, weil sie eine *theologische* Hermeneutik ist („dogmatische Schriftauslegung“) und die Schrift im Kanon der Kirche „intertextuell“ liest.[37] Aber sie stellt keine *exegetischen* Kriterien für eine Rückfrage nach dem historischen Jesus bereit; mit ihnen wäre zu zeigen, inwiefern der (hypothetische) historische Jesus mit dem Christus des Glaubens identisch ist.

Die Einführung verdeutlicht den „Konstruktionspunkt“. Nicht „etwas“, sondern „wer“ Christus ist, ist der Inhalt und die Gestalt seiner Botschaft. Zehn Kapitel meditieren diesen Punkt in der Schrift. Die Taufperikope zeige nicht ein äußeres „Berufungserlebnis“ Jesu, sondern proklamiere seine Sohnschaft und Identität mit dem Gott, von dem er spricht (Kapitel 1). Die Versuchungsgeschichte erweise ihn dem Bösen gegenüber als Gott, dessen Reich die Reiche der Welt überstrahle (Kapitel 2). Das Evangelium vom Reich Gottes spreche nicht von einer fremden Größe, sondern von Jesus selbst. Benedikt greift hier einen von Origenes übernommen Lieblingsgedanken auf, ohne seinen Namen zu nennen: Jesus ist die „autobasileia“, das Reich Gottes in Person (Kapitel 3). Die Seligpreisungen der Bergpredigt entfalten nach Benedikt „eine verborgene Christologie“. Die „Tora des Messias“ wahre „die Treue Gottes zu sich selbst und die Treue Jesu zum Glauben Israels“[38]. Wie Benedikt im Blick auf Jacob Neusner und sein jüdisches Jesus-Buch sagt, liege das Neue in der „Zentralität des *Ich* Jesu in seiner Botschaft“[39]. Er selbst „nimmt den Platz der Tora ein“, denn Jesus verlangt, was nur Gott verlangen kann.[40] Damit werde die Tora Israels so entschränkt, dass sie nicht nur dem Volk Israel, sondern den Völkern und somit universal gelte. Das sakrale Ethos des einen Volkes, die Tora,

---

[35] Ebd. 10.
[36] 12.
[37] Vgl. 18-20.
[38] 133; vgl. 154.
[39] 137.
[40] 142; vgl. 147.

sei nun auch der sakrale Logos aller Völker: Jesus selbst (Kapitel 4).[41] Das Gebet des Herrn, das Vater unser, vereine drei Du-Bitten, in denen es um Gott den Vater und seine Sache geht, und vier Wir-Bitten der Betenden – eine Analogie zu den beiden Tafeln des Dekalogs, die das zwei-eine Hauptgebot der Gottes- und Nächstenliebe aussprechen. Vater und Gegenüber (und nicht „pantheistische" Allmutter[42]) sei Gott für uns aber durch den Sohn, also von Jesus her.[43] Mit der Bitte um sein Reich werde der „Primat Gottes" anerkannt, aber auch dessen Gestalt für uns: Jesus.[44] Sein Wille verbinde Himmel und Erde; der Ort dieser Verbindung sei das tägliche Brot der Vaterunser-Bitte, das auf Eucharistie und Solidarität verweise. Die letzte Bitte um Befreiung vom Bösen gelte wiederum dem Reich Gottes, also ihm selbst (Kapitel 5). Die Jünger werden bevollmächtigt auf den universalen Weg Jesu gesandt (Kapitel 6). „Das Herzstück der Verkündigung Jesu bilden ohne Zweifel die Gleichnisse."[45] Sie können, so Benedikt, weder auf eine Gattung noch auf einen bestimmten Punkt fixiert werden, da sie keine moralischen Erbauungsgeschichten bieten, sondern auf das Reich Gottes und somit auf Jesus selbst zielen.[46] Sie bieten Erkenntnis durch Umkehr an; sie fordern nicht nur eine Deutung, sondern die Entscheidung ein, dem zu folgen, der sich in diesen Gleichnissen ausspricht. Darum kommen sie nicht mit der Evidenz einer theologischen Formel, sondern lassen es zu, dass sich die Angesprochenen verweigern (Kapitel 7).[47] Die großen johanneischen Bilder seien Christusbilder. Johannes „will als ‚Zeuge' von Geschehenem berichten. Niemand habe gerade diese Dimension des wirklich Geschehenen – das ‚Fleisch' der Geschichte – so sehr betont wie Johannes"[48], und zwar im liturgischen Wir der der Kirche, die sich in der Kontinuität zu Israel wisse[49] (Kapitel 8). Das Petrusbekenntnis und die Verklärung markieren den Weg Jesu zum Leiden und zur Auferstehung. Sie meinen nach Benedikt sowohl „ontologisch" die Identität Jesu als auch seinen heilsgeschichtlichen Weg.[50] Insofern lasse sich der vorösterliche Glaube an den Jesus, der immer schon der Sohn sei, nicht gegen den nachösterlichen Glauben ausspielen.[51] Die Verklärung proklamiere den Sohn und beziehe ihn in die

41 Vgl. 149-155.
42 Vgl. 174.
43 Vgl. 171.
44 Vgl. 179-181.
45 222.
46 Vgl. 222-230.
47 Vgl. 230-233.
48 272.
49 Vgl. 278-280; 314.
50 345.
51 Vgl. 350.

Kontinuität Israels ein, wenn das Gesetz und der Prophet, Mose und Elias, mit ihm auf dem Berg vor seiner Herrlichkeit erscheinen. Der Imperativ der Tora werde auf dem Berg personalisiert: „Auf ihn sollt ihr hören“ (Kapitel 9).[52] In seinen Selbstaussagen offenbare sich Jesus zunächst als der Menschensohn und präge so einen Titel, der die Vision Daniels vom Kommenden mit dem Bild Jesajas vom leidenden Gottesknecht verschmelze. Beide ursprünglich kollektiven Begriffe zielten nun auf seine Person.[53] Der Titel des Sohnes erhebe einen herrscherlichen Anspruch, gehe aber über seine Verwendung für König David weit hinaus, weil er im Beten Jesu, in seinem innergöttlichen Gespräch mit dem Vater gründe.[54] Das vorwiegend johanneische „Ich bin“ sei nachdrücklich und zum Schrecken der Jünger Gottesrede, von Theophanie begleitet.[55] Was diese Weise zu sprechen und zu handeln ontologisch und heilsgeschichtlich bedeute, kläre das einzige philosophische Wort des Credo: „homoousios“ – gleichen oder eines Wesens mit Gott dem Vater.[56]

> Dieses Wort hat nicht den Glauben hellenisiert, ihn nicht mit einer fremden Philosophie befrachtet, sondern gerade das unvergleichlich Neue und Andere festgehalten, das in Jesu Reden mit dem Vater erschienen war. Im Bekenntnis von Nizäa sagt die Kirche immer neu mit Petrus zu Jesus: „Du bist Christus, der Sohn des lebendigen Gottes“ (Mt 16,16).[57]

Damit gehen die katechetischen Betrachtungen des Jesus-Buches in das christologische Ziel. Die dogmatische Schriftauslegung bewegt sich im hermeneutischen Zirkel des Verstehens, in dem die kanonische Schrift der Kirche auch selbst steht. Sie ist das Zeugnis der Offenbarung und dokumentiert es so. Darum kann dieses Zeugnis nicht wirklich verstanden werden, wenn die Auslegung dessen Voraussetzung und sein Selbstverständnis vernachlässigt wird. Der Streit um das Jesus-Buch des Papstes ist letztlich ein Streit darum, wer die Auslegungshoheit für die Heilige Schrift hat, die sich eben nicht selbst auslegt: die historisch-kritische Wissenschaft allein oder die Lehrtradition der Kirche, die eben diese Wissenschaft ebenso dankbar annimmt wie den Logos der Philosophie. Aber das Bekenntnis, von dem das kirchliche Lehramt und auch die Theologie ausgehen, können beide von sich aus nicht sprechen. Insofern ist dieses Buch eine Einladung, das Gespräch von der Sache her neu aufzunehmen. Es führt auch anschaulich vor, wie

---

[52] Vgl. 356-365.
[53] Vgl. 382.
[54] Vgl. 395.
[55] Vgl. 399; 403/404.
[56] Vgl. 369 und 407.
[57] 407.

Ratzinger schon früh von Bonaventura her und später als Präfekt der Glaubenskongregation Theologie verstanden hat – und sie als Papst Benedikt offenbar weiterhin versteht:

> Die Theologie leistet daher ihren Beitrag dazu, daß der Glaube mitteilbar wird und der Verstand jener Menschen, die Christus noch nicht kennen, den Glauben suchen und finden kann. Wenn die Theologie damit dem Antrieb der Wahrheit, die sich mitteilen möchte, entspricht, so wird sie zugleich aus der Liebe und ihrer Dynamik geboren: Im Glaubensakt erkennt der Mensch die Güte Gottes und beginnt, ihn zu lieben. Liebe aber will den Geliebten immer noch besser kennenlernen. Aus diesem doppelten Ursprung der Theologie im inneren Leben des Volkes Gottes und seiner missionarischen Berufung ergibt sich die Weise, wie sie auszuarbeiten ist, um den Ansprüchen ihrer eigenen Natur gerecht zu werden.[58]

Eine häufige Frage lautet, in welche Richtung der Pontifikat Benedikts XVI. gehen wird. Für eine theologische Antwort darauf braucht es weder einen Propheten noch einen „Vatikan-Kenner": Es wird nicht um ein „Projekt Benedikt" – dem Papst selbst wohl am wenigstens –, sondern um die Tradition der Kirche gehen. Aber eben nicht „restaurativ", sondern, wie mit Bezug auf Johannes XXIII. zu sagen wäre, „instaurativ", nämlich erneuernd und belebend. Instaurativ wohl auch in der Art, wie etwas Ungeheuerliches und letztlich Unbegreifliches schlicht, verständlich und herzlich gesagt werden kann: „Liebe aber will den Geliebten immer noch besser kennenlernen." Weil die Liebe zu Jesus Christus, von der die Theologie dieses langen Lebens spricht, kein Reservat für Christen und Theologen will, wird sie das offene und einladende Gespräch suchen.

Damit erledigt sich eigentlich auch die Frage, wie Ratzinger als Theologe einzuordnen ist. Dass er das II. Vatikanum und auch den Fachdiskurs über ein halbes Jahrhundert international geprägt hat, dürfte niemand ernsthaft bestreiten, auch nicht, dass diese Rolle ohne größte fachliche Kompetenz gar nicht zu spielen wäre. Mag ein Karl Rahner spekulativer, ein Hans Urs von Balthasar umfassender gewesen sein, um nur zwei seiner Zeitgenossen zu nennen, so steht doch Joseph Ratzinger in seiner traditionsbewussten Konsequenz, das Credo als Ganzes zu erschließen und präsent zu halten, als eine Größe ganz eigener Art da. Seine volle Bedeutung für Theologie und Kirche wird erst noch zu erschließen sein.

---

58 *Instruktion über die kirchliche Berufung des Theologen 1990*, 8.

Literaturverzeichnis

Nur die im Text genannten Titel werden hier angegeben. Für weitere Literatur sei auf die Angaben in *Vom Wiederauffinden der Mitte 1997* (261-324) verwiesen sowie auf die detaillierte Bibliographie in *Per il diritto. Omaggio a Joseph Ratzinger e Sergio Cotta* (= LUMSA, Collana della Facoltà die Giurisprudenza 4), Torino 2000, 27-88.

Abkürzungen:

DH Heinrich Denzinger, Kompendium der Glaubensbekenntnisse und kirchlichen Lehrentscheidungen (hg. v. Peter Hünermann u. Helmut Hoping), Freiburg ^{40}2005

LThK^2 Josef Höfer / Karl Rahner (Hg.), Lexikon für Theologie und Kirche (2. Auflage), 11 Bde. u. 3 Ergänzungsbände, Freiburg 1957-1968

1. Werke von und Quellen zu Joseph Ratzinger / Papst Benedikt XVI.

Volk und Haus Gottes 1954
Volk und Haus Gottes in Augustinus Lehre von der Kirche, St. Ottilien 1992 [reprographischer Neudruck der Ausgabe München 1954 mit neuem Vorwort]

Auferstehung des Fleisches 1957
Art. „Auferstehung des Fleisches. VI. Dogmengeschichte", in: LThK^2 Bd. 1, 1957, Sp. 1048-1052

Geschichtstheologie 1959
Die Geschichtstheologie des heiligen Bonaventura, S. Ottilien 1992 [reprographischer Nachdruck der Ausgabe München 1959 mit neuem Vorwort]

Der Gott des Glaubens 1959
Der Gott des Glaubens und der Gott der Philosophen (Bonner Antrittsvorlesung 1959), in: *Vom Wiederauffinden der Mitte 1997*, 40-59

Grundgedanken 1960
Grundgedanken der eucharistischen Erneuerung des 20. Jahrhunderts, in: Klerusblatt 40 (1960) 208-211

Primat, Episkopat und Successio Apostolica 1961
Primat, Episkopat und Successio Apostolica, in: *Wort Gottes 2005*, 13-36

Der christliche Glaube und die Weltreligionen 1964
Der christliche Glaube und die Weltreligionen, in: *Vom Wiederauffinden der Mitte 1997*, 60-82 (= *Glaube – Wahrheit – Toleranz* 1993, 14-37)

Offenbarung und Überlieferung 1965
Offenbarung und Überlieferung. Versuch einer Analyse des Traditionsbegriffs, in: *Wort Gottes 2005*, 37-82

Tradition 1966
Art. „Tradition III. Systematisch", in: LThK² Bd. 10, 1966, Sp. 293-299

Auferstehung des Fleisches 1967
Art. „Auferstehung des Fleisches. II. Theologie", in: Karl Rahner (Hg.), *Sacramentum Mundi. Theologisches Lexikon für die Praxis*, Bd. I, Freiburg 1967, 397-402

Kommentar zu Dei verbum 1967
Einleitung und Kommentar zur Dogmatischen Konstitution über die göttliche Offenbarung (Proömium, Kap. 1 u. 2), in: LThK² Ergänzungsband II, 1967, 498-503, 504-528

Kommentar zu Gaudium et spes 1968
Kommentar zur Dogmatischen Konstitution über die Kirche in der Welt von heute (Art. 11 bis 22). in: LThK² Ergänzungsband III, 1968, 312-354

Einführung 1968
Einführung in das Christentum. Vorlesungen über das Apostolische Glaubensbekenntnis, München 1968

Das neue Volk Gottes 1972
Das neue Volk Gottes. Entwürfe zur Ekklesiologie, Düsseldorf 1969 (Neuauflage 1972)

Eschatologie 1972
Vorlesungsskript Eschatologie Sommersemester 1972, Universität Regensburg

Dogma und Verkündigung 1973
Dogma und Verkündigung, München 1973

Eschatologie 1977
Eschatologie. Tod und ewiges Leben (= Kleine Katholische Dogmatik, hg. v. Johann Auer u. Joseph Ratzinger), Regensburg 1977 (6. erweiterte Aufl. 1990)

Vom Verstehen des Glaubens 1978
Vom Verstehen des Glaubens. Anmerkungen zu Rahners Grundkurs des Glaubens (Freiburg 1976), in: ThRv 74 (1978) 177-186

Theologische Prinzipienlehre 1982
Theologische Prinzipienlehre. Bausteine zur Fundamentaltheologie, München 1982

Glaubensvermittlung und Glaubensquellen 1983
Glaubensvermittlung und Glaubensquellen, in: Ratzinger, Die Krise der Katechese und ihre Überwindung. Rede in Frankreich, Einsiedeln 1983, 13-39, hier zitiert nach *Vom Wiederauffinden der Mitte 1997*, 88-101

Instruktion „Theologie der Befreiung" 1984
Instruktion der Kongregation für die Glaubenslehre über einige Aspekte der „Theologie der Befreiung", 6. August 1984, Bonn 1984 (= Verlautbarungen des Apostolischen Stuhls 57)

Schauen auf den Durchbohrten 1984
Schauen auf den Durchbohrten. Versuche zu einer spirituellen Christologie, Einsiedeln 1984 (²1990)

Zur Lage des Glaubens 1985
Zur Lage des Glaubens. Interview mit Vittorio Messori, München 1985

Instruktion christliche Freiheit und Befreiung 1986
Instruktion der Kongregation für die Glaubenslehre über die christliche Freiheit und Befreiung, 22. März 1986, Bonn 1986 (= Verlautbarungen des Apostolischen Stuhls 70)

Kirche, Ökumene und Politik 1987
Kirche, Ökumene und Politik. Neue Versuche zur Ekklesiologie, Einsiedeln 1986

Schriftauslegung 1989
Schriftauslegung im Widerstreit. Zur Frage nach Grundlagen und Weg der Exegese heute, in: Joseph Ratzinger (Hg.), *Schriftauslegung im Widerstreit*, Freiburg 1989 (= Quaestiones disputatae 117), 15-44 (sowie Vorwort 7-13)

Auf Christus schauen 1989
Auf Christus schauen. Einübung in Glaube, Hoffnung, Liebe, Freiburg 1989 (Neuausgabe 2006)

Instruktion über die kirchliche Berufung des Theologen 1990
Kongregation für die Glaubenslehre: Instruktion über die kirchliche Berufung des Theologen, 24. Mai 1990 (= Verlautbarungen des Apostolischen Stuhls 98)

Gott alles in allem 1993
„Damit Gott alles in allem sei". Vom christlichen Glauben an das ewige Leben, in: Norbert Kutschki/Jürgen Hoeren (Hg.), *Kleines Credo für Verunsicherte*, Freiburg 1993, 121-140

Im Anfang 1996
Im Anfang schuf Gott. Vier Münchener Fastenpredigten über Schöpfung und Fall / Konsequenzen des Schöpfungsglaubens, Einsiedeln 1996

Salz der Erde 1996
Salz der Erde. Christentum und katholische Kirche im neuen Jahrtausend. Ein Gespräch mit Peter Seewald, München 1996 (2004 mit neuem Vorwort)

Vom Wiederauffinden der Mitte 1997
Vom Wiederauffinden der Mitte. Grundorientierungen. Texte aus vier Jahrzehnten, hg. v. Schülerkreis (Red. Stephan Otto Horn, Vinzenz Pfnür u.a.), Freiburg 1997 (^{2}1998)

Aus meinem Leben 1998
Aus meinem Leben. Erinnerungen (1927-1977), München 1998

Die Vielfalt der Religionen 1998
Die Vielfalt der Religionen und der Eine Bund, Bad Tölz 1998 (= Urfelder Reihe 1)

Dominus Iesus 2000
Kongregation für die Glaubenslehre: Erklärung *Dominus Iesus*. Über die Einzigartigkeit und die Heilsuniversalität Jesu Christi und der Kirche, 6. August 2000, Bonn 2000 (= Verlautbarungen des Apostolischen Stuhles 148)

Gott und die Welt 2000
Gott und die Welt. Glauben und Leben in unserer Zeit. Ein Gespräch mit Peter Seewald, München 2000 (2005 mit neuem Vorwort)

Der Geist der Liturgie 2000
Der Geist der Liturgie. Eine Einführung, Freiburg 2000

Gott ist uns nah 2001
Gott ist uns nah. Eucharistie: Mitte des Lebens (hg. v. Stephan Otto Horn u. Vinzenz Pfnür), Augsburg 2001

Glaube – Wahrheit – Toleranz 2003
Glaube – Wahrheit – Toleranz. Das Christentum und die Weltreligionen, Freiburg 2003

Unterwegs zu Jesus Christus 2003
Unterwegs zu Jesus Christus, Augsburg 2003

40 Jahre Konstitution 2003
40 Jahre Konstitution über die heilige Liturgie 2003, in: LJ 53 (2003) 209-221

Vorwort 2004
Vorwort zur Neuausgabe von: Joseph Ratzinger, Der Gott des Glaubens und der Gott der Philosophen. Ein Beitrag zum Problem der theologia naturalis (hg. v. Heino Sonnemans), Leutesdorf 2004

Dialektik der Säkularisierung 2005
Was die Welt zusammenhält. Vorpolitische moralische Grundlagen eines freiheitlichen Staates, in: Jürgen Habermas / Joseph Ratzinger, *Dialektik der Säkularisierung. Über Vernunft und Religion* (hg. v. Florian Schuller), Freiburg 2005, 39-60

Der Anfang 2005
Der Anfang. Papst Benedikt XVI., Joseph Ratzinger, Predigten und Ansprachen April/Mai 2005, Bonn 2005 (= Verlautbarungen des Apostolischen Stuhls 168)

Wort Gottes 2005
Joseph Ratzinger / Benedikt XVI., *Wort Gottes. Schrift – Tradition – Amt* (hg. v. Peter Hünermann u. Thomas Söding), Freiburg 2005

Deus Caritas est 2005
Enzyklika DEUS CARITAS EST von Papst Benedikt XVI. an die Bischöfe, an die Priester und Diakone, an die gottgeweihten Personen und an alle Christgläubigen über die christliche Hoffnung, 30. November 2005, Bonn 2005 (= Verlautbarungen des Apostolischen Stuhls 171)

Ansprache an das Kardinalskollegium 2006
Ansprache von Papst Benedikt XVI. an das Kardinalskollegium und die Mitglieder der Römischen Kurie beim Weihnachtsempfang, 22. Dezember 2005, Bonn 2006 (= Verlautbarungen des Apostolischen Stuhls 172)

Der Kreuzweg 2006
Der Kreuzweg unseres Herrn. Meditationen, Freiburg 2006

Apostolische Reise 2006
Apostolische Reise Seiner Heiligkeit Papst Benedikt XVI. nach München, Altötting und Regensburg 9. bis 14. September 2006. Predigten, Ansprachen und Grußworte (=Verlautbarungen des Apostolischen Stuhls Nr. 174), Bonn 2006

Ratzinger und das Erzbistum München und Freising 2006
Peter Pfister (Hg.), Joseph Ratzinger und das Erzbistum München und Freising. Dokumente und Bilder aus kirchlichen Archiven, Beiträge und Erinnerungen, Regensburg 2006 (= Schriften des Archivs des Erzbistums München und Freising 10)

Die Psalmen 2006
Die Psalmen. Das Abendgebet der Kirche, ausgelegt von Johannes Paul II. und Benedikt XVI., Augsburg 2006

Sacramentum Caritatis 2007
Nachsynodales Schreiben *Sacramentum Caritatis* Seiner Heiligkeit Papst Benedikt XVI. an die Bischöfe, den Klerus, die Personen des gottgeweihten Lebens

und an die christgläubigen Laien über die Eucharistie, Quelle und Höhepunkt von Leben und Sendung der Kirche, 22. Februar 2007, Bonn 2007 (= Verlautbarungen des Apostolischen Stuhls 177)

Motuproprium Summorum Pontificum 2007
Motuproprium Summorum Pontificum vom 7. Juli 2007 / Brief des Heiligen Vaters an die Bischöfe anlässlich der Publikation, Bonn 2007 (= Verlautbarungen des Apostolischen Stuhls 178)

Auf dem Fundament der Apostel 2007
Auf dem Fundament der Apostel. Katechesen über den Ursprung der Kirche, Regensburg 2007

Spe salvi 2007
Enzyklika SPE SALVI von Papst Benedikt XVI. am die Bischöfe, an die Priester und Diakone, an die gottgeweihten Personen und an alle Christgläubigen über die christliche Hoffnung, 30. November 2007, Bonn 2007 (= Verlautbarungen des Apostolischen Stuhls 179)

Jesus von Nazareth 2007
Jesus von Nazareth. Erster Teil: Von der Taufe im Jordan bis zur Verklärung, Freiburg 2007

Vorlesung La Sapienza 2008
Vorlesung von Benedikt XVI. für die römische Universität „La Sapienza", http://www.vatican.va/holy_father/benedict_xvi/speeches/2008/january/documents/hf_ben-xvi_spe_20080117_la-sapienza_ge.html

Die Kirchenväter 2008
Die Kirchenväter – frühe Lehrer der Christenheit, Regensburg 2008

II. Literatur zu Biographie und Theologie

Läpple, Benedikt 2006
Alfred Läpple, Benedikt XVI. und seine Wurzeln. Was sein Leben und seinen Glauben prägte, Augsburg 2006

Verweyen, Ratzinger-Benedikt 2007
Hansjürgen Verweyen, Joseph Ratzinger – Benedikt XVI. Die Entwicklung seines Denkens, Darmstadt 2007

Müller, Glaube 2007
Gerhard Ludwig Müller (Hg.), Der Glaube ist einfach. Aspekte der Theologie Papst Benedikts XVI., Regensburg 2007

Rowland, Ratzinger's Faith 2008
Tracey Rowland, Ratzinger's Faith. The Theology of pope Benedict XVI, New York 2008

Hofmann, Joseph Ratzinger 2008
Peter Hofmann (Hg.), Joseph Ratzinger. Ein theologisches Profil, Paderborn 2008